会計リテラシー

あらゆる世界で必要な
"会計の視点"を学ぶ

千葉商科大学 編

同文舘出版

まえがき

　希代の経営者で2022年に亡くなった稲盛和夫が『稲盛和夫の実学〜経営と会計』という本を残している。文庫版の帯には「会計がわからんで経営ができるか！」という刺激的な一文が書かれている。底本は日本がバブル経済の崩壊によって巨額の不良資産に苦しんでいた1998年に、日本経済新聞社から刊行された。まえがきからは当時の状況が伝わってくる。

　「この間、経営者は何をしていたのだろうか。経営のあり方を見直し、抜本的な対策を取ろうとしたのは少数であり、多くは不良資産を隠し、業績の悪化を繕うことに努めてきたのではないだろうか。そのため、日本の企業経営は、その不透明さゆえに国際的な信用を失い、多くの不祥事を生み出すことにもなったのである」

何とも厳しい言葉である。そして、こう続けている。

　「企業経営の原点である『会計原則』を正しく理解していたなら、バブル経済とその後の不況も、これほどまでにはならなかったはずである。私にはそう思えてならない」

その上で、こう結んでいる。

　「少し過激な表現ではあるが、『会計がわからんで経営ができるか』と言う思いで出版させていただいた。それは、混迷する時代に、血を吐くような思いで叫んでいる、私の叱咤激励であることをどうかご理解いただきたい」

会計の重要性は本来、日本の近代教育が始まった時からのも

のである。明治5年（1872年）に学校制度を定めた「学制」が発布されるのと時を同じくして、福沢諭吉の『学問のすゝめ』の刊行が始まった。最終的には300万部、当時の国民の10人に1人が買った計算になる国民的大ベストセラーになった。

「天は人の上に人を造らず人の下に人を造らず」という一文で知られるが、実はこの後に「と言えり」という一語があり、こう続く。

> 「されども今広くこの人間世界を見渡すに、かしこき人あり、おろかなる人あり、貧しきもあり、富めるもあり、貴人もあり、下人もありて、その有様、雲と泥との相違あるに似たるは何ぞや」

現実には人と人には大きな格差があると福沢は言い、その違いは「学ぶと学ばざるとにより出来るものなり」と言い切っているのだ。この書をもって国民の多くは学ぶことの重要性、自身の子どもを学校に通わせる意味を肝に銘じたのである。

では、福沢は何を学べと言っていたか。

江戸期の訓古学を否定し、商業、工業、計算学といった「実学」の必要性を説いた。翌明治6年に、西洋の複式簿記をわが国に初めて紹介した「帳合之法」を出版していることからも、福沢が会計の重要性にいち早く注目していたことが分かる。

それから120年の後に、経済学者で福沢をいたく尊敬していた加藤寛が『福沢諭吉の精神』という本を書いている。出だしは何とも刺激的だ。

> 「1997年2月3日、福沢諭吉先生が、麻布善福寺の墓のなかから、すっくと立ち上がってこういわれた。『わが輩が寝

ているあいだ、百年も日本は何をしていたのか』長身の先生だけに、それは天からの声にきこえた」

　国鉄分割民営化や税制調査会での直間比率の是正など、改革に取り組んできた加藤から見て、1990年代後半の日本のあり様は情けないのひと言だった。その危機感は冒頭の稲盛と共通していた。そして、その加藤も重視したのが「会計」だった。学長を務めた千葉商科大学で、学生が徹底的に学ぶべきものとして、「コンピューター」と「英語」と並び、「簿記」を掲げ、加藤はそれを「3言語」と呼んだ。

　ひるがえって今日、いたるところで会計にまつわる不正が起き、会計知識のなさゆえに組織運営が行き詰まる例が相次いでいる。今や、社会生活を送る上で、会計の知識は必須のものとなっている。会計が大事だと叫んできた先人たちの思いが伝わるよう、本書ではできるだけ現実の問題に即して「会計」の話を書くように心がけた。企業経営だけでなく、どんな社会で活動するにも「会計リテラシー」が不可欠であることを改めて認識していただくことができれば、一風変わった本書の目的は達せられたことになる。

　出版に当たって、短期間での編集作業に協力いただいた同文舘出版専門書編集部の皆さん、とくに取締役部長の青柳裕之氏に心より感謝申し上げたい。千葉商科大学の創立者である遠藤隆吉博士の著作を戦前に多数出版していただいていた同社から本書を上梓することになったのも何か深いご縁であると感じている。

千葉商科大学　会計リテラシー講座担当一同

会計リテラシー ◎ 目次

はしがき　i

第**1**章

会計リテラシー

「会計リテラシー」の重要性 ——————————— 2
- すべての人が関わる「会計」　2
- 簿記嫌いが会計嫌いを生んできた　3

「アカウンタビリティ」と会計不正 ——————— 4
- 不祥事の際に求められる「アカウンタビリティ」　4
- 「アカウンタビリティ」は「説明責任」か　5
- 会計の目的とは　6

繰り返される粉飾決算 ————————————— 7
- 巨額の粉飾決算が明らかになった東芝　8
- 「債務超過」とは何か　10
- 債務超過になった東芝　13
- 名門企業が消えた　カネボウの粉飾　14

なぜ粉飾に手を染めるのか ———————————— 16
- 罪悪感が薄い粉飾決算　17
- 粉飾決算に厳しい米国　18
- 小さな不正の見逃しから始まる大粉飾　20

企業不正のほとんどは会計が絡んでいる ———— 21
- 相次ぐ品質偽装　21

第2章

さまざまな分野で求められる会計知識

お金にまつわる不正は企業だけではない ———— 24
- ■増大する経済事件と「財務捜査官」の役割 24
- ■裏付け捜査 26
- ■捜査に会計知識が不可欠な時代に 26

後をたたない入札不正・談合 ———— 27
- ■談合はなぜ悪いのか 28
- ■幼稚園協会、PTA 30
- ■学校法人で相次ぐ不正 31

第3章

コーポレートガバナンスと会計

権力集中から「監督」と「執行」の分離へ ———— 34
- ■50年ぶり商法改正 34
- ■社外取締役 35
- ■会社は誰のものか 38

公益法人は誰のものか ———— 40
- ■創業家の理事長に権力集中 43
- ■動き出した私学法改正 45
- ■ガバナンスとトップ選び 46

第4章

公会計—どこにでも必要な「会計」の視点—

単式簿記と国の借金 ———————————— 50
- ■国の決算書　50
- ■借金しても収入　51
- ■建設国債と赤字国債　52
- ■プライマリーバランス　53

なぜ国や自治体の借金が減らないのか ————— 54
- ■予算を減らすインセンティブがない　55
- ■財政再建団体　夕張市　56
- ■自分の町が破綻する　58

企業経営と複式簿記 ————————————— 59
- ■簿記会計の父　パチョーリ　60
- ■バブル崩壊　61
- ■公会計の落とし穴　63

第5章

制度を支える会計専門職

監査制度と公認会計士 ———————————— 66
- ■高まる会計士試験人気　66
- ■振り回された「人気」職業　67
- ■増加に転じた受験者数　69
- ■会計監査とは何か　70
- ■帳簿だけでなく実態もチェック　72

「ゴーイング・コンサーン」 ———————————— 73
- ■投資家への注意喚起　74

■ 知識より大事な会計倫理　75

第**6**章

決算書で「実態」が分かる

損益計算書とバランスシート ──────── 80
■ 儲かっているのにお金が足りない　80
■ ランチ営業を赤字でも行うわけ　84
■ 利益とお金の流れは違う　85
■ 損益計算書の考え方　87

借金は費用だけ ──────────── 90
■ ではどこに　貸借対照表　90
■ サイゼリヤの貸借対照表　91
■ 減価償却　94

第**7**章

「減価償却」という考え方

地方自治体の決算と「減価償却費」──────── 98
■ お金が出ていかない減価償却費　99
■ 減価償却とは何か　100
■ 企業経営と減価償却の重要性　102
■ 減価償却を軽視しがちな個人事業者　103

日本を襲う老朽インフラ問題 ────────── 104
■ 下水道設備の耐用年数　104
■ インフラ老朽化問題と、国土強靭化法　108
■ 米国でのインフラ崩壊　110

vii

第**8**章

財務三表とその他の決算書

損益計算書 ———————————————— 114
- なぜ儲かったか、なぜ赤字になったかが分かる 116
- 損益分岐点 117

貸借対照表 ———————————————— 118
- 自己資本比率 119
- 内部留保を溜め込む日本企業 120
- 低下を続ける労働分配率 122

キャッシュ・フロー計算書 ———————— 124
- 増収増益でも現金が減少することも 127

第**9**章

企業の決算書を手に入れる

決算書はいつ出てくるか ———————————— 130
- 期末から1～2ヵ月で決算発表 130

決算短信で分かること ———————————— 131
- 投資家は「予想」に注目する 134
- 業績予想の修正 136

決算短信を手に入れる ———————————— 138
- TDnet 139
- 株主総会と有価証券報告書 140

第10章

有価証券報告書は宝の山

EDINET ———————————————————— 144
- ■ 有価証券報告書を選ぶ　144

有価証券報告書の読み方 ——————————————— 146
- ■ まずは「企業の概況」をみてみる　146
- ■ 「沿革」でその会社の歴史が分かる　148
- ■ 「第2　事業の状況」　150
- ■ 重要性を増す非財務情報　150
- ■ サステナビリティ　153
- ■ 「第3　設備の状況」　155
- ■ 「第4　提出会社の状況」で分かる株式の分布　155

「コーポレート・ガバナンスの状況等」 ——————— 157
- ■ ガバナンスの型　157
- ■ ガバナンスの強化と報酬開示　159
- ■ 1億円以上の報酬を個別開示　159
- ■ 「第5　経理の状況」　162
- ■ 「非財務情報」の拡充　164

第11章

会計基準はどう作られる

会計基準の国際化とIASC ——————————————— 168
- ■ 世界経済を席巻した日本　169
- ■ 日本「ひとり勝ち」　170
- ■ 日本の会計制度のゆがみ　171

■「ジャパン・アズ・ナンバーワン」の幻想　173

グローバル化への日本の抵抗 ——————— 174
■信用を失った日本の会計基準　176
■会計基準の設定主体　178

第**12**章

「時価会計」など会計の新しい流れ

会計基準の国際化 ——————————— 182
■国際間のルール作成競争　183
■IFRSと日本基準　184

時価会計の考え方 ——————————— 186
■リース会計基準　188

非財務情報 ————————————————— 189

あとがき—会計の役割拡大と会計リテラシーの重要性—　193

会計リテラシー

―あらゆる世界で必要な“会計の視点”を学ぶ―

第 1 章

会計リテラシー

「会計リテラシー」の重要性

■ すべての人が関わる「会計」

　「会計」というと、企業の経理部や役所の会計課など、特殊な部署に所属する専門家だけに関係する特別なスキルだという印象を持たれがちだ。自分の専門は企業のマーケティングなので会計はあまり関係ないとか、非営利法人で世の中のためになる仕事がしたいので経理を知る必要はない、市役所で地元産業の支援をしているので会計課の仕事とは縁が薄い、などと思っている人も多いだろう。

　また、数字を扱う仕事はやりたくないし、ましてや簿記や会計は大の苦手だ、という人もいるに違いない。

　しかし、皆さんが今後、どんな人生を送るにせよ、「会計」と無縁ではいられない。それは営利企業だけでなく、NPO（特定非営利活動法人）でも、国や地方の役所でも、あるいはさまざまな飲食店や小売店を自ら経営する自営業でも、「会計」なしに日々を過ごすことはできない。

　また、経理部や会計課に配属されなくても、経営企画や営業、マーケティング、製造・生産、店舗運営に至るまで、会計知識が乏しければ十分な仕事はできない。一見、会計知識がなくてもうまくやれているように見えても、会計的な物の見方ができないことで、仕事が行き詰まり、手痛い失敗を味わうことになりかねない。「会計」は経済社会で活動するすべての人に関係し、会計への理解がなければ、すべての活動はうまく行かないのである。それほど「会計」は現代社会を生き抜いていく上での重

要な基礎的素養、リテラシーというわけだ。

ところが、日本社会では「会計」を学ぶチャンスはあまりない。大学でも「会計学」が必修科目になっているのは商学部など社会科学系の一部の学部だけで、一般教養としても「会計学」を選択する学生は多くない。経済学を学んだ学生でも会計学は取らなかった、という人もいるだろう。欧米の大学では基礎教育の一環としてAccountingを必修科目にしているところが少なくないのとは対照的だ。まだまだ「会計」は、公認会計士や税理士など会計専門家になるか、会社の経理などを目指す人が学ぶもの、という観念が日本には根強いように思う。

▍簿記嫌いが会計嫌いを生んできた

また、会計を学ぶ手法も独特だ。従来、会計を学ぶには、まずは簿記を学ぶことが重要だとされてきた。簿記が分からないで会計は学べない、というのが半ば常識だったのだ。会計を学びたいと思っても、最初の科目である簿記で挫折した経験がある人も多いに違いない。

もちろん、簿記は、日々のお金の流れを記録するスキルとして重要だし、簿記の知識なしに決算書を作ることはできない。企業の経理部に配属されて、簿記の知識がないままに仕事をすることは不可能だ。最近ではさまざまな会計ソフトが普及し、取引ごとに作成する「伝票」や、日々のお金の動きを記録する「帳簿」もデジタル化され、伝票や帳簿に記載する「記帳」作業も、AI（人工知能）を使ったシステムのサポートなどによって、詳しい専門知識がなくても行えるようになった。

かつては電卓を使って手動で計算していたものもコンピューターが自動で行い、さまざまな決算書も日々、自動的に出来上

がるようになってきた。とはいえ、それを使いこなす会計の専門家になろうとすれば、基本的な素養として簿記を学び、簿記というスキルを使いこなす力は不可欠だ。

だが、経理部や会計課に配属されるわけではなく、会計士や税理士など会計専門職を目指すわけでもない大半の社会人は、簿記スキルの習得から始める必要はない。それよりも大切なのは、どの分野のどの職種についても、会計知識が不可欠であることを知り、まず、会計の大きな枠組みや考え方を知ることだ。まさしく「会計リテラシー」である。

「アカウンタビリティ」と会計不正

今、日本では会計がらみの不祥事が枚挙にいとまがない。不正と言われるものの多くにはお金が絡むが、そのお金を不正に使ったり、不正な方法で得たりする行為は、本来、決められた会計ルールに則って記録され、決裁を受け、決算書として公開されていくので、すべて会計不正と表裏一体と見ることができる。つまり、会計がいい加減だから不正が横行するとも言えるのだ。

不祥事が起きると、決まって使われる言葉が「アカウンタビリティ」だ。日本では「説明責任」と訳されることが多い。

■ 不祥事の際に求められる「アカウンタビリティ」

「関係者が『説明責任』を尽くすことは重要で、『説明責任』を果たすよう党として促しており、これからも『説明責任』を尽くすよう促していきたい」

2024年1月に開幕した通常国会は、前年に表面化した自民党安倍派のいわゆる「裏金問題」について、野党の追及が続いた。2月14日に開いた衆議院の予算委員会では、安倍派幹部を政治倫理審査会（政倫審）に出席させるよう自民党党首の岸田文雄首相に野党が迫った。政倫審は不祥事が相次いだことを受けて1985年に国会に設置された機関で、国会議員が政治倫理にもとる行為をしていないか審査し勧告を行う。野党の追及に対して岸田首相は「説明責任」という言葉を繰り返したのだ。朝日新聞はこの日の委員会で岸田首相が「説明責任」という言葉を102回も使ったと報じている。（朝日新聞デジタル2024年2月14日、「『説明責任』102回繰り返す岸田首相　安倍派幹部は政倫審に出るか」）

■ 「アカウンタビリティ」は「説明責任」か

その後、政倫審には安倍派幹部らが出席して質問に答えたが、事実は一向に解明されなかった。「アカウンタビリティ」を日本語で「説明責任」と訳した結果、こうした会議や記者会見に出て「説明をする責任」と短絡的に解釈されるようになった。申し開きさえすればそれでいいというわけだ。

だが、本来の「アカウンタビリティ」の意味はそんな軽いものではない。アカウンタビリティという語は、アカウント（account）とアビリティ（ability）から成り立っていて、直訳すれば「勘定＋できる」ことを示す。会計（accounting）と責任（responsibility）の造語だとも言われる。つまり、数字できちんと辻褄が合うように説明できる責任、という意味なのだ。

つまり、単に記者会見に出てきて言い訳をすればよいわけではなく、安倍派の裏金問題で言えば、そのお金の流れや収支を

第1章　会計リテラシー

5

きちんと証拠とともに示すことが求められる。本来はそこまでやらなければアカウンタビリティを果たしたことにはならない。

　次々と起きる不祥事は、多くの場合、不透明なお金の流れが問題になっている。自民党安倍派の「裏金」を例に取れば、派閥の政治資金パーティーで、議員にパーティー券を売るノルマが課されていて、ノルマ以上に売った議員には、その金額がキックバックされていた。その際、その金額を議員側の決算書（政治資金収支報告書）に記載せず、いわゆる「裏金」になっていたとされる。当然、収入として記載されていないので、そのお金の支出先も決算書には記載されていない。お金の流れがまったく分からないわけだ。

▌会計の目的とは

　「会計」はお金の流れを記録することで、活動の実態を第三者に適正に示すことが１つの大きな目的だ。株式会社で言えば、出資者である株主に、活動の結果を報告する。あるいは、事業の収支を税務署に申告して税金を支払う。税金として集めたお金をどう使っているのか、国や地方自治体は、議会を通じて住民に決算報告を行う。政治家は納税者から給料や経費をもらって政治活動をしているので、その内容を納税者に報告するのは当然だ。まして今は国から政党に対して税金（政党助成金）が配られていて、そのお金は議員の活動費になっているから、お金の流れを説明するのは当たり前のことなのだ。

　お金の流れを記録する会計帳簿の公開によって、その活動を知ることができる。上場企業で言えば「有価証券報告書」という決算書や事業報告をまとめた書類を、財務局という国の機関に提出することが義務付けられている。今は、EDINETとい

う電子システム上で公開され、株主だけでなく、誰でもそのデータを手に入れることができる。国や地方自治体の決算書も大半はインターネットで手に入るし、政治家の政治資金収支報告書も公開されている。

それぞれの活動が正しく決算に表されるか、企業の場合はそのルールである「会計基準」が国際機関などによって見直され、精度が向上している。国や地方自治体が公表する決算数値も一定のルールに基づいて作られている。一方で、政治資金収支報告書が典型だが、その決算書を作る上でのルールが甘く、民間の上場企業のルールから比べるとお粗末と言わざるを得ない。そうした甘いルールがさまざまな政治スキャンダルの原因になっているのだが、それを厳しくしようという話にはなかなかならないのが実情だ。

繰り返される粉飾決算

上場企業とは、その企業が発行した株式を株式市場に上場していて、誰でもその株式を市場で売買できる株式会社のことを言う。株式を通じて広く一般の人たちからお金を集めるので、そのためには、活動の実態を正確に公開しなければならない。成功する見込みのない事業を過大に宣伝して将来有望な企業のように見せかけて株式を売ろうとする投資詐欺は、枚挙にいとまがない。「まだ上場していない『未公開株式』を特別にあなただけに譲ります。将来、上場すれば必ず儲かります」といった甘い言葉にだまされて、多額のお金を取られるケースは、形を変えながらも繰り返されている。

株式を上場するには、決算書が実態を正確に表していることを証明する、公認会計士による「監査証明」が必要な上、上場する株式市場、例えば東京証券取引所による上場審査があり、いい加減な会社が上場するのを防いでいる。

　上場した企業は、毎年、会計士が監査した決算書や、事業内容、事業報告などさまざまな情報を記載した「有価証券報告書」を公表することが義務付けられている。つまり、株主や投資家に「アカウンタビリティ」を果たすことが上場企業には求められているわけだ。

　ところが、上場した後になって、決算書を改ざんするなど、虚偽の報告を公表する企業が問題になる。ごまかした決算を行うことを「粉飾決算」あるいは「不正会計」などと呼ぶ。日本を代表するような著名企業でも、そうした「粉飾決算」に手を染める事例が相次いでいる。

▌巨額の粉飾決算が明らかになった東芝

　2015年4月3日、日本を代表する大企業である東芝が一本のニュースリリースを出した。「特別調査委員会の設置に関するお知らせ」。これがその後、東芝の経営を根底から揺るがし、最終的には会社が解体の憂き目に遭う大事件の幕開けだった。

　ニュースリリースの文面からは誰しも大事件だとは読み取れなかった。

　「2013年度における一部インフラ関連の工事進行基準に係る会計処理について、調査を必要とする事項が判明いたしました」という簡単な文章で、特別調査委員会で「会計処理の適正性を検証し、検証結果を踏まえ改善・再発防止に関して提言する」とするにとどまっていた。

ところが５月に入ると、不適切な会計処理が、当初のインフラ関連事業だけでなく、ほぼ全事業にわたっているのでは、という疑念が広がっていった。新聞は「不適切会計」と書いていたが、利益を操作する粉飾決算が全社的に行われていた疑念が強まっていった。

そして、７月21日、田中久雄社長と佐々木則夫副会長、西田厚聰（あつとし）相談役の歴代３社長が不正会計の責任を取って辞任すると発表。この時点で利益の水増し額は1562億円にのぼっていることが明らかになった。社長だけでなく、取締役16人のうち半数が同日付で辞任に追い込まれる異常事態になった。

不正会計の調査に当たった第三者委員会は報告書で、社内にまん延していた「チャレンジ」と呼ばれる慣行について明らかにした。社長が事業責任者や子会社社長と会う「社長月例」では、過大な収益目標が設定され、その目標を何としても達成しなければならないというプレッシャーが加えられていたという。事業責任者は自分の部門に戻ると、部下に目標達成を強く迫り、「チャレンジが足りない」といった言葉が独り歩きしていった。いつしか「チャレンジ」という言葉は、来期以降の利益を先取りして計上したり、当期の費用計上を先送りするなど、「数字を操作する」意味に変わっていったという。結局、会社が一丸となって決算数字をいじる「粉飾」に染まっていったわけだ。

だが、こうした粉飾決算はいずれ表面化する。数字と現実の違いが誰の目にも明らかになり、数字のやりくりが限界を超えたり、不正を繰り返すことに耐えられなくなった社員が白状するなど、どこかで明らかになる。東芝のケースは、社員からの内部通報を受けた金融庁が2015年２月に調査に乗り出したことが、すべて露見するきっかけになったことが後から分かってい

る。

　2015年12月には、東芝の会計監査を担当していた新日本有限責任監査法人が金融庁から処分を受け、この問題は一件落着かと思われたが、それでは終わらなかった。新日本に代わって監査を担当したPwCあらた有限責任監査法人が決算内容を承認せず、次々に問題が発覚したのだ。その間、東芝は赤字決算を埋めるために、医療機器事業など「虎の子」の事業を次々に売却するが、巨額の赤字決算が続き、株主資本（自己資本）はどんどん毀損されていった。

　2017年3月期には9656億円の最終赤字を計上したことで、遂に資本が5529億円のマイナスになった。「債務超過」である。

「債務超過」とは何か

　ここで、「債務超過」について説明しておこう。「債務超過」

■債務超過のイメージ

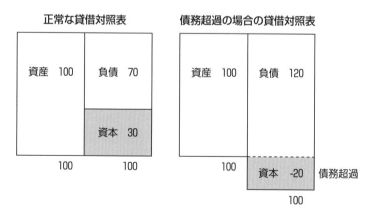

出所：編者作成

の意味が分かっている人は読み飛ばして構わない。会計知識があやふやな人は、復習のつもりで読み進んでほしい。

「債務超過」とは、会社が抱えている「負債」の総額が、「資産」の総額を超過し、「資本」を食い潰した状態を言う。決算書には、その決算期のお金の流れ、つまり収入や支出を記載し、残った利益や損失を示す「損益計算書（P/L）」や、決算期末の企業の財務状況を示す帳簿である「貸借対照表（B/S）」があるが、その貸借対照表に「債務超過」かどうかが示される。

「貸借対照表（B/S：Balance Sheet）」は文字通り、左側（資産）と右側（負債・資本）に分けて記載し、それが同額となってバランスすることから「バランスシート」と呼ばれる。企業は、株主が出した「資本」と、銀行などから借り入れた「負債」を元手として、工場を建てたり製品を作って事業を行う。期末段階では、工場や在庫、現金・預金といった「資産」が左側に書かれる。利益が出れば「資本」に加算されていき、損失が生じれば、「資本」が目減りしていく。そうした事業活動の結果、資本を完全に食い潰し、負債が上回った状況が債務超過で、財務的には「黄色信号」が灯ったことになる。

債務超過は、会社が持つ資産をすべて売り払っても、負債を返済できないことを示しているわけで、経営的に追い詰められた状況であることは間違いない。だが債務超過になったからといって、即座に倒産するかといえばそうではない。

債務超過に陥る企業は、事業で赤字を出していることがほとんどなので、事業に使うお金が足りなくなる。例えば、決まった借金の返済ができなくなったり、給与を払えなくなったりするわけだ。ところが、銀行が借金の返済を猶予したり、誰かが追加で資金を貸してくれたりした場合、債務超過になってもと

りあえず資金が回るので、企業が行き詰まることにはならない。日本企業の場合、銀行が資金を出して潰さないというケースが少なくないので、債務超過でも生き続けている企業はある。

ちなみに、貸借対照表上は何の問題もなく債務超過ではない会社で、その決算期の利益も出ているのに倒産することがある。決められた期日までに借金の返済ができなくなるなど資金繰りが詰まった場合で、「資金繰り倒産」とか、「黒字倒産」と呼ばれる。

だが、たいがいの場合、会社が倒産するのは債務超過が続いて、それが解消できなくなった末のことである。債務超過の会社には、なかなか銀行は追加の資金融資はしないし、上場企業の場合、債務超過が続くと、上場廃止に追い込まれる。つまり、企業として生きていく上で不可欠の信用力が失われることになり、倒産に追い込まれていくわけだ。

取引先や投資家など、決算書を利用する側から見ても、債務超過会社は危険信号だ。その会社に物を売って、そのタイミングで経営破綻された場合、代金が回収できなくなる懸念がある。また、株主となっていて企業が倒産した場合、株式は紙屑になるので、投資したお金は返ってこない。債務超過になれば、そうした投資家が株を急いで売るので、株価が大きく暴落し、それが不安に拍車をかける。

会社が存続していく上で重要な「信用」が失われることになり、早晩、倒産することになる。そうならないためには、企業は債務超過を早急に解消しなければならない。欧州などでは債務超過を決算期末までに解消できない場合、破綻処理しなければならないルールのところもある。

ではどうやって債務超過を解消するか。一般的にはマイナス

になった資本を増やすよう、株主や新たな出資者から資金を出してもらう「資本注入」を受けることになる。金融機関などが貸し付けている「負債」を「資本」に振り替える「デット・エクイティ・スワップ」といった方法がとられることもある。「デット＝負債」を、「エクイティ＝資本」に「スワップ＝交換」する、という金融手法だ。当面、負債を返済せずに済むものの、新しい資金が会社に入ってくるわけではないので、これだけで資金繰りは改善しない。抜本的な対策は「資本注入」を受けることになる。

▎債務超過になった東芝

2017年、日本を代表する優良企業と目されていた東芝が債務超過に陥り、経営破綻の危機に直面した。粉飾決算が表面化する前の2014年3月期の東芝の売上高は6兆5000億円、最終利益は508億円で、1兆2290億円の自己資本を持っていた。それが事業の切り売りなどによって、2017年3月期には4兆437億円にまで売り上げが減少、前述のように、一気に5529億円の債務超過に陥ったのである。

当然、東芝の経営陣は「資本注入」の実現に向けて動き出す。その結果、2017年末には7000億円の新たな出資を受けることに成功した。これによって2018年3月期の決算では、株主資本は利益と合わせて7831億円にまで回復。債務超過を解消した。だが資金の出し手は海外の投資ファンドなどの「アクティビスト」、いわゆる「モノ言う株主」たちだった。

投資ファンドは、年金基金や投資信託、個人の富裕層などから原資を集めて株式などで運用する投資家で、さまざまな投資手法をとるが、中でも、企業経営者に厳しく経営改革を求めて

会社を立て直すことで株価を上げる手法をとる投資家を「アクティビスト」と呼ぶ。彼らは株価を上げることで最終的には株式を売却して利益を確定させるのが狙いなので、投資先企業への要求は時として厳しいものになる。

　出資したことで東芝の大株主になったアクティビストは、東芝の経営陣に対して、会社を分割して売却することなど、大胆な改革を求めた。これに対して東芝の経営者は激しく抵抗したが、大株主の意向は無視できない。

　最終的には2023年に東芝は上場廃止の道を選び、事業を分割することになった。上場廃止になる直前の2023年3月期決算での売上高は3兆3616億円にまで縮小。従業員は粉飾決算前の20万人から10万6648人へとほぼ半減した。粉飾決算に手を染めた結果、壊滅的な結果になったわけだ。

▍名門企業が消えた　カネボウの粉飾

　粉飾決算の末、会社が消滅することになった例を見ておこう。2007年に解散したカネボウである。元は1887年に「鐘淵紡績」として創業された繊維の大手企業で、東京証券取引所市場一部（現在のプライム市場）に上場していた名門企業だった。繊維が日本の主力産業ではなくなると、化粧品に軸足を移していった。

　カネボウは化粧品の猛烈なノルマ営業などで業績を伸ばしていると見られたが、業績が悪化すると子会社との取引を使った架空売上を計上するなど、粉飾決算に手を染めた。2002年3月期には債務超過に陥ったが、これを隠すために粉飾決算を繰り返した。5年にわたった粉飾決算の総額は2150億円にのぼることが、2005年になって発覚する。実際は、1996年3月期から

■カネボウに関する新聞記事

カネボウ 2156億粉飾

4年間で 旧経営陣刑事告発へ

「カネボウ」（東京都港区）は13日、旧経営陣が策定にかかわった2003年3月期までの4年間の連結決算で、利益水増しによる粉飾が行われ、粉飾総額は約2156億円にのぼっていたとする内部調査結果を発表した。これまで資産超過とされてきた2003年3月期までの3年間も、約1691億～約2179億円の債務超過に陥っていたほか、今月28日の臨時株主総会で了承を得た上

で、04年3月期までの過去5年分の決算を訂正する。カネボウは1996年3月期以降、9期連続で債務超過だったことになる。

同社の現経営陣は、04年3月に辞任した帆足隆・元会長兼社長（69）ら旧経営陣が粉飾に主導的にかかわったとして、証券取引法違反（有価証券報告書の虚偽記載）容疑での刑事告発に向けた準備を進めているほか、民事訴訟も検討している。現経営陣は同

年5月、04年3月期決算に、過去5年分の会計処理が約3553億円の債務の見直し作業を続けていた。

超過になったと発表。その

後、監査法人などとともに内部調査によると、同社

出所：読売新聞2005年4月13日夕刊、1面

2004年3月期まで9期連続で債務超過だったことが分かり、カネボウは上場廃止となり、経営破綻。解散に追い込まれた。

　カネボウの粉飾決算については、決算書を監査していた中央青山監査法人の会計士4人が粉飾決算に加担していたとして逮捕され、3人が刑事罰に問われた。金融庁が中央青山監査法人に対して業務停止命令を発したのをきっかけに、同法人に監査を受けていた上場企業が次々と契約を他の監査法人に移したことで経営が一気に悪化。2007年7月末に解散に追い込まれるなど、監査法人業界に大激震をもたらした。

その後の裁判の過程などで、カネボウの粉飾は、1970年代半ばから、組織ぐるみで大規模に行われていたことが明らかになった。子会社を連結決算から外して、その会社との間で「循環取引」を行って、売り上げを過大計上するなど手の込んだものだった。

なぜ粉飾に手を染めるのか

　企業ではなぜ、粉飾決算が起きるのだろうか。

　多くの場合、小さな不正からそれは始まると言われている。ノルマが達成できない営業課長が、毎月上司に報告する売り上げを水増しして報告したり、利益が出ていないことを役員から責められるのを恐れた事業部長が、かかった費用を次の決算期に先送りすることで経費を少なく見せて利益が出ているようにごまかすといったことから始まる。株価を上昇させるために、少しでも良い数字を出したいという経営者が、下に数字の改ざんを求めることもある。とりあえず今期だけ乗り切れれば、来期に修正して辻褄を合わせればいい、そんな軽い気持ちで数字をいじるケースが多い。

　子どもの頃、1つ嘘をついてしまったことで、それがバレないようにするために、次から次へと嘘をつかざるを得なくなる。そんな経験を持っている人は少なくないだろう。会社の粉飾決算も似たようなところがあるのだ。

　だが、そんな小さな数字の改ざんを繰り返しているうちに、巨額の粉飾へと発展していく。もはや、その粉飾決算が表面化したら、会社の存続が危うくなるというところまで、行ってし

16

まうのだ。

　カネボウの粉飾決算が発覚したのは2005年だが、1970年代半ばから組織的に行われていたことが判明した。小さな数字をごまかしてノルマを達成したり、赤字を黒字にするなど辻褄を合わせることが当たり前の「社風」になっていたのだろう。

　東芝でも似たようなことが起きていたと見られる。目標を達成する「チャレンジ」という言葉が、いつの間にか、売り上げを水増しするなど数字を改ざんすることの隠語になっていった。いつしか、ごまかしが社風として根付いてしまい、経営者も社員も「罪悪感」が薄れていったに違いない。

■ 罪悪感が薄い粉飾決算

　東芝の粉飾決算発覚で辞任に追い込まれた歴代3社長のうち最も年長だった西田厚聰元社長（2017年12月に73歳で没）に取材を繰り返し、亡くなる直前にもインタビューしていた週刊誌記者の藤岡雅氏は、「最後まで西田さんは自分が悪いことをしたとは思っていなかったと思う」と証言する。粉飾決算に対する罪悪感はまったくなかったと言うのだ。

　これは多くの粉飾決算事件の経営責任者に共通している。自分が数字の改ざんを指示したのは、会社を倒産させないために止むに止まれず行ったもので、それで自分個人が利益を得たわけではない、というのが理屈だ。

　実は日本の司法も似たような判断をしている。粉飾決算は、公表する有価証券報告書に載る決算書の数字を改ざんすることなので、法的には「有価証券報告書虚偽記載」という罪になる。だが、巨額の粉飾が発覚した場合でも、経営者がこの罪で実刑判決を受けることは稀だ。実刑、つまり刑務所に入ることはほ

とんどなく、執行猶予の判決が出る。裁判所も個人が会社のお金を懐に入れたわけではないということで、罪はそれほど重くないと考えるのだろう。

例えば、2011年に発覚したオリンパスの粉飾決算では、菊川剛元社長ら経営陣に対して下された判決は「懲役3年執行猶予5年」や「懲役2年6カ月執行猶予4年」というものだった。また、東芝でも歴代社長3人は個人としては、まったく罪に問われなかった。上場企業の不正を取り締まる証券取引等監視委員会は起訴すべきだという意見を持っていたが、東京地検特捜部は3人を立件するのは難しいとして起訴を見送ったのだ。

▍粉飾決算に厳しい米国

粉飾決算に対する司法の向き合い方は、米国ではまったく違う。

2001年に米国のエネルギー企業エンロンで起きた粉飾決算事件では、エンロンの最高経営責任者（CEO）だったジェフリー・スキリング氏が逮捕され、有罪判決を受けた。1審では懲役24年を言い渡され、控訴審では懲役12年に軽減されたが、実際に刑務所に送られた。スキリング氏は2019年に刑期を終えて釈放されている。また、この粉飾決算を機に、エンロンの監査を行っていた世界的な大会計事務所のアーサーアンダーセンが、解散に追い込まれている。

米国では粉飾決算は、株主や投資家を欺く重大犯罪であるという考え方で多くの経営者が刑務所に送られてきた。決算書を改ざんする粉飾決算を放置すれば、企業の決算書が信用できなくなり、それをベースに株式を売買する証券市場（資本市場）の信用が大きく揺らいでしまう。そう米国では考えているよう

■エンロンに関する新聞記事

エンロン 破産法申請
負債160億ドル、米最大級

深刻な経営危機に陥っていた米総合エネルギー会社のエンロンは二日、ニューヨークの連邦破産裁判所に米連邦破産法一一条（会社更生法に相当）の適用を申請し、会社更手手続きに入った。グループ全体の十一月中の負債総額は百六十億㌦（約一兆九千六百億円）。資産規模でみると米国で過去最大の会社倒産。同社に融資する金融機関や取引先などへの打撃は必至で。日本の発電所建設計画は白紙化、国際金融市場で発行した海外向け建て債が債務不履行（デフォルト）になるなど日本市場への影響も大きい。〈関連記事3面〉

【シカゴ2日＝千葉哲】エンロンのグループ全体の負債総額は九月末時点で六百十八億㌦（七兆六千億円）。単独の資産総額による一九八七年のテキサコ（現シェブロンテキサコ）の破産（資産総額三百五十億㌦）を上回る。破産法申請したのは本社を含むグループ十四社で、裁判所を通じ、水道事業の合弁パイプライン子会社ポーサレン・ナチュラル・ガスについても、ダイナジーの所有権を認めないよう求める裁

ダイナジーを提訴「契約違反」

判も九日に同業大手のダイナジーがエンロンを買収すると合意、信用不安による株価下落は止まらず、二十八日に欧米金融大手が長期融資を含む資金繰り支援を嫌気したダイナジーも同日に買収合意を破棄。自力再建の道は絶たれた。

エンロンは同時に、買収を破棄したダイナジーを「契約違反」などで提訴。百億㌦の損害賠償を求めて提訴した。ダイナジーが優先株を取得したエンロンのパイプライン子会社ノーザン・ナチュラル・ガスの所有権を認めないよう求める裁

百四十九億㌦にのぼるエンロンの指摘もある。

エンロンは十一月十九日期決算で通期で、減損損失の計上に伴う千四百億㌦の巨額損失を発表。海外資産などの売却に伴う損失や十二億㌦にのぼ

る自己資本縮小を明らかにした。格付けが低下に伴い海外取引で追加的な債務返済義務が発生。信用不安で本業の電力、天然ガスの卸売事業でも取引が細り、資金繰りに行き詰まった。

十一月九日に同業大手のダイナジーがエンロンを買収することで合意したが、信用不安による株価下落は止まらず、二十八日に欧米格付け大手が長期債務をジャンク（投機的）に引き下げた。債務超過に資金不足を嫌気したダイナジーも同日に買収合意を破棄。自力再建の道

出所：日本経済新聞2001年12月3日夕刊

だ。資本主義のベースである市場機能を守ることへの姿勢が米国と日本では大きく違うと言ってもいいだろう。

　ちなみに、日本では粉飾決算を行った企業経営者は重い罪に問われないケースがほとんどだが、決算書をチェックしている公認会計士には厳しい処分が下されるケースが多い。前述のカ

ネボウでは公認会計士は逮捕されたし、東芝でも会計士は業務停止処分を受け、事実上、監査業務から放逐された。監査を行う監査法人は企業から監査報酬を受け取っているにもかかわらず、不正が見抜けなかったということで重い処分を受けるわけだ。

▌小さな不正の見逃しから始まる大粉飾

ちなみに、会計士が粉飾決算を見逃すことになる構図も、企業の内部と同様、小さな不正から始まっていることが多いとされる。企業の経理部長などに頼まれて小さな不正に目をつぶったことが仇となって、翌期にはさらに大きな不正を黙認せざるを得なくなる。粉飾決算が表面化した場合、前期の決算で見逃した会計士も同罪になる、と経理部長に迫られれば断れなくなってしまうという構図だ。結局、何年にもわたって数字のごまかしを行う片棒を会計士も担ぐことになってしまうわけだ。

ことほどさように、粉飾決算などの不正は、ごく小さな数字の改ざんから始まることがほとんどだ。企業の中で仕事をしていると、数字をいじって実態より良く見せるような小さな不正に出くわすことが少なくない。だが、そうした小さな不正を見過ごしていると、早晩、ごまかしが隠し通せないくらい大きくなり、結局は粉飾決算として発覚、会社が存続できない事態にまでなってしまうことになりかねない。巨額の粉飾も、身の回りで起きがちな小さな不正から始まるということを心に刻んでおくべきだろう。

企業不正のほとんどは会計が絡んでいる

■ 相次ぐ品質偽装

　2021年7月、日本を代表する優良企業として名前を知られてきた三菱電機の杉山武史社長が辞任を表明した。製品の品質検査で35年以上にわたって不正を行ってきたことが発覚したのだ。

　また2023年4月に発覚したダイハツ工業の認証試験不正問題は、ダイハツだけでなく、親会社のトヨタ自動車や、ダイハツ製の車両のOEM供給を受けていたマツダやスバルなど他の自動車メーカーにも波及し、大問題になった。きっかけはダイハツの内部通報で、2024年1月に国土交通省が特に悪質な検査不正が行われていた3車種の型式指定を取り消した。責任を取って会長と社長が辞任している。

　このほかにも、品質で売ってきたはずの日本企業で、品質偽装が相次いで発覚した。「この検査をやらなくても品質に問題がない」といった自社の品質への過剰な自信などが背景にあったと解説されているが、検査を省くことで作業が減り、コストを下げることにつながる。検査不正にもお金が絡んでくるのだ。やるべき検査をやらずにコストを下げれば品質偽装ということになるが、不正な手法で経費を下げるので、広義の会計不正とも言える。また、やるべき検査をやっていないのに、本来の検査費用などを計上していたとすれば、これは決算を操作していることになり、会計不正そのものと言える。こうした小さな会計の操作が、いずれ大きな粉飾決算につながっていくというのはすでに見た通りだ。

21

第**2**章

さまざまな分野で求められる
会計知識

お金にまつわる不正は企業だけではない

■ 増大する経済事件と「財務捜査官」の役割

　警察に「財務捜査官」という役職があるのをご存じだろうか。民間の公認会計士や税理士から警察に転職し、警部補や警部、警視といった中級管理職として中途採用されて活躍している専門警察官たちだ。1995年度から採用が始まり、2024年現在、全国で50人ほどの財務捜査官がいる。

　千葉県警察本部の山田太郎さん（仮名）はそんな「財務捜査官」の１人。贈収賄や詐欺、横領といった事件を扱う「捜査２課」で、日々捜査に当たっている。千葉県警は財務捜査官の制度ができて真っ先に採用を始めた警察本部の１つだ。

　山田さんは、大学卒業後、公認会計士試験に合格、監査法人に勤務していたが、ある時、千葉県警の募集を見て応募し、転職を決めた。花形の大手監査法人勤務を辞めてまで、警察官になろうと思った理由は何か。

　山田さんは、「粉飾する側にはいない。粉飾を取り締まる側にいるというのは、とても良いことです」と語る。監査法人は民間企業なので、監査報酬を払って仕事を依頼する企業はあくまでクライアント（顧客）だ。「クライアント・ファースト」で対応することが求められる。クライアントからは、何とか黒字決算にできないか、とか、債務超過を回避した資産超過の財務諸表を作ってほしいと要望される。もちろん、数字をごまかしたり、会計ルールを曲げることはできないが、ルールを駆使して何とか数字を良くしてあげたいという意志が働く。だが、

24

本来とるべき会計処理をしないで、会社の希望を叶えたことで、先々、大きな粉飾決算につながっていくかもしれない。それを考えると、心が痛んでいたのだという。警察官として粉飾決算を取り締まる側に立てば、そんな気を使う必要はなくなる。悪いことは悪いとキッパリ言うことができるわけだ。

警察では、年々、経済事件が増える傾向にある。粉飾決算だけでなく、贈収賄や横領、詐欺といった「知能犯」が増え、会計の知識なしに実態解明ができなくなりつつある。また、殺人事件や窃盗など、一見、会計とは関係なさそうな犯罪でも、その動機解明などにはお金の流れを調べることが不可欠になっている。

警察と言えば、マッチョで、体育会系で、強そうな人が働く、とにかく体力勝負でキツイ職場というイメージがある。そんなイメージと財務捜査官はまったく雰囲気が違う。まさに知力で勝負するソフトな感じである。

近年、警察の捜査では「客観証拠」が重要性を増している。かつては容疑者の自白が重視され「供述調書」に重きが置かれていたが、最近は、容疑者が供述したことが本当なのかどうか、裏付けになる客観的な証拠を集めることが、裁判を維持する上でも極めて重要になっている。そうした中で、数字を読み解く「財務捜査班」の役割が増しているのだ。

財務捜査班のイメージは、「財務捜査官」の下に会計に詳しい警察官を５人ほど置いたチームになっている。最近では中途採用した財務捜査官だけではなく、一般の警察官として採用した人の中で、簿記の資格などを持つ警察官を異動させ、研修を受けさせて財務捜査のプロに育てていく手法もとられている。

■ 裏付け捜査

　自白よりも客観証拠が重要になっている警察の捜査で、犯罪を犯した「動機」が何なのかを調べるのは簡単ではない。贈収賄事件で賄賂をもらった公務員がいたとして、その容疑者が賄賂をもらったのはなぜなのか。仮に「お金が欲しかった」と供述していたとして、容疑者がお金に困っていたのか、どんなものにお金を使っていたためお金が必要だったのか「裏付け」証拠を固める必要がある。

　容疑者の家宅捜索をして預金通帳などを押収したり、容疑者が口座を持っている銀行などに協力依頼をして預金残高を調べる。一方で、預金口座から定期的に振り込まれている先があったとすれば、そのお金の流れも把握する。定期的に返済しているお金があれば、その消費者ローンなどにどれぐらいの負債があるかも把握できる。よくニュースで報道される、容疑者は競輪競馬にお金をつぎ込み、多額の借金をしていたことが分かった、といった話の裏は、お金の流れを見ることで明らかになっていくわけだ。

　また、企業経営者がお金に困って詐欺を働いたような場合、容疑者が経営する会社の商品在庫（棚卸資産）や現預金の有無、お金の移動などを調べることになる。そうした情報も、会社の決算書や帳簿を調べることで、分かってくるわけだ。

■ 捜査に会計知識が不可欠な時代に

　今や、犯罪捜査に「会計知識」が必要不可欠になっているのだ。そんなこともあって、全国各地の警察本部は、会計の知識を持った警察官を求めるようになっている。大学を卒業して警

察官になる人も、かつてのイメージである「マッチョ」型の人ばかりではなくなった。数字のカラクリが読み解けるような「知力」勝負型の新卒学生なども積極的に採用している。簿記3級や2級に合格していると、採用試験で加点される制度をとっている県警本部も多い。

加えて最近は、会計知識以外の専門能力、例えば、IT（情報技術）関連の知識を持った専門家を警察官として中途採用する制度もできている。警視庁の「特別捜査官」としての採用では、財務捜査官と並んで、「科学捜査官」や「サイバー犯罪捜査官」「国際犯罪捜査官」といった枠組みもある。それほど、犯罪が専門化、高度化しているということだろう。

後をたたない入札不正・談合

警察の捜査2課が担当する犯罪は、必ずしも、企業が舞台となるとは限らない。捜査に必要な会計知識は企業会計だけでなく、国や地方自治体の決算書や税務申告書などを解析する必要に迫られる。つまり「会計リテラシー」は企業会計だけを学んでおけばよい、という話ではないのだ。

贈収賄事件と言えば、県庁や市役所といった地方自治体を舞台にしたものが枚挙にいとまがない。中でも「官製談合」として摘発される贈収賄事件は毎月のように報道されている。

いくつか例を挙げよう。

2021年5月に発覚した新潟県糸魚川市の「官製談合」事件では、市が発注の新駅の公衆トイレの整備工事の入札で、工事価格を事前に業者に漏らしたとして、糸魚川市の都市政策課建築

係長Ｘ（48）を「官製談合防止法違反」の容疑で逮捕。建設業者「Ａ建設」の営業部長Ｂ（69）と営業係長Ｃ（32）をＸから得た情報で入札を行った「入札妨害」の容疑で逮捕した。

　国や県、市役所のほか、公的性格を持つ団体が、工事を発注したり、システムや物品を購入する場合、金額が大きいものは、基本的に「競争入札」を行うことになっている。役所側は内々に予定価格を決めておき、その範囲内で、最も低い金額を入札した業者に発注する仕組みだ。その際、入札する業者が事前に話し合いをして、どこの会社が落札するかを決めるのが「談合」と呼ばれる。落札会社を決めたとして、業者は最も高い値段で落とそうと考えるから、予定価格がいくらかを知りたいわけだ。そこで、役所の入札担当者から業者が予定価格を聞き出そうとするわけだが、そこで「謝礼」や「会食接待」などの賄賂を贈る「贈賄」が起きる。役所の担当者や幹部、市長などの政治家が主導して行う「談合」を「官製談合」というわけだ。

　糸魚川市の例では、1917万4000円の予定価格がＸ係長から漏れ、Ａ建設は1900万円で落札した。予定価格の99.1％というギリギリの高い金額だったわけだ。

　賄賂を受け取ったＸ係長は「収賄罪」で起訴され、裁判では懲役１年６カ月、執行猶予３年の判決を受けた。贈賄側の２人は懲役１年、執行猶予３年となった。

▌談合はなぜ悪いのか

　ちなみに「談合」による贈収賄の罪は受け取った金額にもよるが、裁判では比較的甘い判決が出されるケースが多い。逮捕されてすぐに罪を認めれば、たいがいの場合、執行猶予が付き、刑務所に入ることはまずない。

28

官製談合に手を染める役人たちの言い訳で多いのが、「地域に日頃貢献している地元業者に受注させたかった」というもの。地域外の業者に落札されると、代金が地域外に流れ、仕事も地域外の人が請け負うことになる。地元業者が落札すれば地元に利益が落ちて、地域振興になる、というのだ。もちろん、これには嘘もあって、自分の知り合いに落札させたいという思いが先行しているケースが多い。その上、現金で謝礼をもらったり、接待を受けたりしているわけだから、犯罪として見過ごしていいものではない。

　自治体などが入札を行うのは、その仕事の「原資」が税金など市民の負担によって賄われるからだ。できるだけ安く仕上げることが市民のためになる、という基本的な考え方を忘れた役人が、談合に手を染める。

　だが、こうした不正をしようと思えば、数字を記録する決算書には必ず矛盾が生じる。談合で入札した企業は、賄賂の現金や接待費を捻出するために、何らかの帳簿操作を行うことになる。時には、賄賂の現金を作るために、架空の経費処理をして、裏金を作るといったことをやらざるを得なくなる。こうした不正を行うことが半ば当たり前のようになっている企業もあると見られる。もし、自分の所属する組織でそういう不正に直面した時、読者の皆さんはどう行動するだろうか。

　警察が摘発する「官製談合」などの不正の多くは、最近は内部告発によって発覚することが少なくない。そんなことをしたら、会社をクビになってしまうのではないか。確かに解雇などの不利益を被ることはしばしば起きる。最近では「公益通報者保護制度」というものができ、公益のために企業内や役所内などでの法令違反を通報した職員について、解雇や配置転換など

■官製談合防止法に関する公明党の記事

官製談合防止法の制定

命懸けで勝ち得た法制化
公明党案がベースに。今回の改正で「罰則」も創設

福島、和歌山、宮崎の前・現県知事が相次いで逮捕され、国民の怒りが爆発

社会的な批判の高まりで、捜査当局の追及の手は確実に厳しくなっていた。

2006年10月、福島県の前知事が県発注の公共工事をめぐる談合事件に絡み逮捕された。11月には和歌山の現知事、12月には宮崎の前知事も逮捕された。業者間の談合は昔から言われていたが、発注側の自治体トップが官製談合に手を貸す不正行為は極めて悪質だ。

官製談合とは、公共工事発注の際、公務員らが事前に入札価格を受注業者に漏らし、業者間の談合に関与する不

出所：公明党ウェブサイト（2006年12月15日　公明新聞）

の不利益な取り扱いを禁止するルールもできている。まだまだ完全に保護されるとは言い切れないが、一歩一歩、組織内の不正を許さないための体制整備が進んでいると考えてよいだろう。

▌幼稚園協会、PTA

　2021年3月、全国の私立幼稚園が加盟する「全日本私立幼稚園連合会」が、2017年度から2020年度の4年間に合計約4億円が不正に出金されていたと公表した。国際交流や災害対策のために積み立てられていた基金から、理事会の承認を得ずに3億2000万円が引き出されていたほか、宿泊費やタクシー代として不正に支出されていたという。前年秋に監査が行われた際、当時の会長から通帳や残高証明が提出されず、会長は会計の不備の責任を取って辞任。その後、弁護士や公認会計士が内部調査

を行って元事務局長による横領が発覚した。会長は資金流出の発覚を恐れて、自己保身のために、預金通帳の残高などを偽造したとして、その後、有印私文書偽造などの罪で起訴され、懲役1年6カ月、執行猶予3年の判決が下った。元事務局長は6200万円を着服したとして業務上横領などで起訴。懲役4年の実刑判決を受けた。

全日本私立幼稚園連合会は、全国8000の幼稚園が加盟する任意団体だったが、杜撰な経理管理が横領につながった。

2024年にはPTAの全国組織である公益社団法人の「日本PTA全国協議会」でも不正が発覚した。参与という肩書きで事実上事務局を統括していた幹部が、協議会所有のビル工事に絡んで工務店に代金を水増し請求させ、幹部が関与する会社を通して受け取ったのではないかと見られている。全国のPTA会員は720万人に達し、全国の保護者らが支払うPTA会費のうち、児童生徒1人当たり10円が連合会に納められてきた。年間の予算規模が1億5000万円から2億円にのぼると報じられた。公益社団法人は、公益目的の事業を行うことを目的として内閣府や都道府県から「公益認定」された法人で、税制優遇措置を受けることができる。そうした公益性の高い法人でも会見管理の甘さが露呈したことになる。

■ 学校法人で相次ぐ不正

2021年11月、日本大学の田中英寿理事長（当時。2024年死去）が東京地検特捜部に逮捕された。主要大学の現職理事長が逮捕されるというのは異例の事態で、大きなニュースになった。容疑は、大学病院の建て替え工事を巡る背任事件で起訴されていた医療法人理事長から受け取ったリベートなど計1億2000万円

を税務申告せず、約5200万円を脱税したというものだった。

大学が発注した建て替え工事に関して、設計事務所から医療法人理事長に日大の資金が不正送金され、その一部がリベートとして大学トップに還流したという構図だったが、背任では理事だけが起訴され、理事長は脱税のみでの起訴となった。2022年3月、田中前理事長は東京地裁で、懲役1年、執行猶予3年、罰金1300万円の有罪判決を受けた。控訴せずに刑は確定している。

田中氏は大学職員の出身で強いリーダーシップを発揮、法人内で圧倒的な権力者になっていった。相撲をはじめとする運動部のOBネットワークや職員らが田中氏を持ち上げ、理事長に選ばれた。以後、5期にわたって理事長を務め、反対派を人事異動して要職から遠ざけるなどして、独裁者となっていった。不透明な工事発注や杜撰な資金管理は、逮捕容疑の工事よりも前から指摘されていたが、強い権限を持つ理事長の暴走を誰も止めることができなかった。

こうしたトップの暴走は学校法人だけではなく、かつては上場企業などでも頻発していた。そうした暴走に歯止めをかける動きが強まったのは、上場企業では1990年代半ばから。「コーポレートガバナンス」の重要性が叫ばれるようになってからのことだ。

第 **3** 章

コーポレートガバナンスと
会計

権力集中から「監督」と「執行」の分離へ

コーポレートガバナンスは、「企業統治」と訳されるが、日本語としてはなかなかしっくり来ない。ひと言で言えば、「企業経営の仕組み」とでも言ったらよいか。企業経営は誰の利益を重んじ、社長はどんな役割を担って、取締役はどう機能すべきなのか。そうした仕組みを通じて、トップが独断専行で暴走するのを防ぎ、会社の利益を増やしていこうという取り組みだ。

さまざまな不祥事が起きると、決まって「ガバナンス不全」「ガバナンスに問題があった」と指摘される。今や、アカウンタビリティと並んでガバナンスは組織運営に不可欠の要素となっている。

▍50年ぶり商法改正

ガバナンスを強化するために上場企業では2000年以降、会社を巡る制度改革が大きく進んだ。「商法」が50年ぶりに全面改正され、「会社法」として企業のあり方を規定した。これまでの日本企業のあり方に加えて、「指名委員会等設置会社」など欧米型に近いガバナンス体制を敷くことが可能になった。

それまで社長や会長といったトップに権限が集中していたものを、「監督」と「執行」に分け、実際に業務を行う執行役を、取締役会が監督する形に変えていこうというのが法改正の狙いだった。全権を握った社長が暴走するのを取締役が止めることができるようにしようとしたわけだ。

「指名委員会等設置会社」では、取締役の多くが、その会社とは関係がない社外取締役で構成され、社外取締役が過半数を

占める「指名委員会」「報酬委員会」「監査委員会」の３つが置かれ、指名委員会は次の社長を選定する権限を持つ。報酬委員会は、社長ら執行役の報酬を決めるほか、監査委員会は会社の決算やお金の流れに目を光らせる。取締役会が外部の人によって監督機能を果たすことで、社長の暴走を封じ込める一方、社長ら執行役は、取締役会に対してアカウンタビリティを果たすことが求められることになった。

　従来の日本企業では、実権を握る会長や社長が後任を指名するのが当たり前で、社長が交代しても、本当の権力者は別に存在するようなケースも多々あった。そうした社長の指名権限を手離すことになる「指名委員会等設置会社」はなかなか日本企業に受け入れられていないが、グローバルに競争する優良な大企業を中心に欧米型のガバナンスに転換してきている。

▎社外取締役

　会社の取締役の中に「社外」の人を入れることはどんな意味があるのだろうか。

　従来、日本の会社では、平社員から叩き上げて課長、部長と昇進していくのが当たり前だった。取締役になるのは、そんな社員の「成功」の証と言えた。今はだいぶ姿を消したが、かつて大企業の取締役になると、本社で個室を与えられ、秘書が付いて、運転手付きの黒塗りの専用自動車があてがわれた。取締役になったその日から、社員とは「別格」の処遇を受けるようになったものだった。

　ではどうやって取締役になるのか。基本的には社長が決めていることが多く、取締役は社長の信頼の厚い子分といった感じだった。

会社法（商法）では、取締役は権限としては平等で、取締役会で物事を決める時も1人1票。相互に監視する建前なので、社長が暴走しそうになった時には、取締役がブレーキ役を果たすことが法律では期待されている。これは商法の時代も、今の会社法でも同じだ。

　ところが、かつての日本企業では、取締役は自分を任命してくれた親分である社長には逆らえないから、結局は、社長の言いなりにならざるを得ない。

　これは欧米も一緒で、圧倒的にトップの力が強いため、しばしばトップの不正などが勃発していた。

　そこで考え出されたのが、取締役会に「社外」の人材を入れることだった。社長にモノが言える外部の人を取締役にすれば、社長が万が一暴走した時に、それを止めることができる。あるいは、会社全体の利益にならないことを社長が決めようとした場合、社内の取締役では言えない苦言を社長に呈することができる。また、外部の人を入れることで、会社の状況を詳しく説明しなければならなくなり、なあなあで物事を決めてしまう取締役会のあり方を変えていくことも期待された。

　そんな欧米では一般的になっていた社外取締役を日本にも導入すべきだという声が強まってきたのは2012年ごろ。民主党政権時代のことだった。会社法の改正を事実上決めてきた法務省の法制審議会が、大企業に対して、「社外取締役1人以上の義務付け」を導入しようと模索していた。ところが、大企業経営者の集まりである日本経済団体連合会（経団連）や全国銀行協会といった組織が強硬に反対。結局、義務付けは見送られた。

　一方で、何としても社外取締役を導入させるべきだと考えていた証券市場関係者や公認会計士、弁護士らが政治家を動かし

て法務省幹部と直談判。義務付けはしないものの、「社外取締役を置くことが相当でない理由」を事業報告書に記載することを法案に明記させた。「相当でない理由」ということは、「置かない方がいい理由」ということになり、そんな理由を記載すれば株主総会で株主から突き上げられることは必至だった。

自民党が政権に復帰した後の2014年1月、衆議院の予算委員会で塩崎恭久議員（官房長官や厚生労働大臣を歴任して2021年引退）が谷垣禎一法務大臣（当時）に対して社外取締役を「事実上義務化をしたのに等しいと言えるのではないか」と質問。これに対して谷垣大臣が「事実上の義務化という塩崎議員のそういう評価、十分可能だと思っています」と答弁した。これで上場企業が取締役会に社外取締役導入する動きは決定的になった。

2014年に2人以上の社外取締役がいる会社は東京証券取引所市場一部（現・プライム市場）上場企業の21.5％に過ぎなかったが、2016年には約80％、2018年には91％を超えた。2021年に

■3分の1以上の独立社外取締役を選任する上場会社(プライム市場)の比率推移

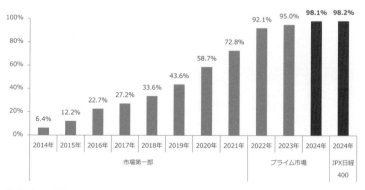

出所：東京証券取引所資料より

は法律で社外取締役を置くことが義務付けられたこともあり、2024年には99.7％に達した。東京証券取引所が作る「コーポレートガバナンス・コード」では、2021年から、取締役会の3分の1以上を社外取締役にすることが好ましい、とされるようになった。

　日本企業でも社外取締役がいることが、「当たり前」の時代になったわけだ。もちろん、社外取締役といっても、社長が社外から連れてきた「お友達」では何の牽制機能も働かない。東京証券取引所のルールでは「独立社外取締役」と呼んで、その企業や経営者からの独立性がある人を選ぶように促している。

　上場企業以外の組織でも、繰り返しガバナンスのあり方が問われている。学校法人も相次いで不祥事が発覚したことから、ガバナンス改革が進み始めている。前述の日本大学の場合、理事長選考委員会を作り、卒業生で作家の林真理子氏を理事長に迎えて、改革を進めている。理事長の選び方だけでなく、任期や年齢制限などを設けて「独裁者」の誕生を防ごうとしている。

　公益社団法人や財団法人、社会福祉法人などもガバナンス改革が行われ、それまで諮問機関に過ぎなかった評議員会に理事の選任権限を持たせるなど、「監督」と「執行」を分離。理事長などの暴走を防ぐ手立てを進めている。

▍会社は誰のものか

　もっとも、公益法人の場合、その組織が誰のものか、誰の利益を最も重視すべきなのか、といった答えが簡単には見つからない。株式会社の場合、「多様なステークホルダー（利害関係者）の利益」と言われるものの、それは基本的に「会社は株主のもの」という前提があるからだ。重要な議案は株主総会の議

38

決で決めるが、発行済み株式の50％超を持っている株主の意見が多くの場合通る。事業売却など極めて重要な案件は議決の3分の2の賛成が必要なので、ある会社をコントロールしようとする大株主が、33.4％を持つのは、重要な案件の議決を阻止するためである。

　会計的にも50％超の株式を持つ会社を一般に「子会社」と呼ぶが、最近では、この持株基準だけでなく、取締役の大半を送り込むなど人的に支配している会社を「実質子会社」と呼び、連結決算の対象にするようになった。このように株式会社では「持株比率」が会社の支配関係に圧倒的な力を持つので、「会社は株主のもの」という表現が一義的には正しい。

　ただし、この表現には日本では長年、反発があった。会社は株主だけのために存在しているのではなく、従業員や取引先、地域社会も大きく関与しているので、そうした人たちの利益も考えるべきだ、というのだ。いわゆるステークホルダーの利益を重視すべきだという理論だ。もちろんこれも間違いとは言いにくいが、従業員や取引先、地域社会の利益を重視することが結局は株主の利益にもなるという理屈の上での話になる。株主の利益を度外視して従業員のことだけを考える株式公開企業というのは成り立たないと考えられている。

　余談だが、もう1つ、会社は創業した人のものではないか、という意見もある。確かに会社を作って成長させたのは創業者なので、通常、創業者が会社を自由にできる。ただし、これは株式の大半を創業者本人が持っているからだ。株式を証券取引所に上場することを株式公開というが、英語では「Going Public」という。企業が私のものから公のものになるという意味だ。株主や従業員から創業家は尊重されるものの、創業家の

一族だからといって本来、「レジテマシー（権力の正当性）」が保証されているわけではない。株主総会で議決権の過半数を得た株主が、経営者を選ぶなど経営の実権を握っていくことになる。

　日本では長年、「株式持ち合い」が慣行として定着していた。上場企業同士が一定数の株式を相互に保有し合うことで、お互いの「安定株主」となり、基本的に株主総会では会社側が提案した議案に賛成票を投じる。お互い経営者に「白紙委任状」を渡すようなもので、株主としての利益を貪欲に追求することはしない。

　こういう状態になれば、経営者は株主を気にせずに自由に経営ができる。結果、会社は「社長のもの」といった色彩が強くなっていった。社長になれば、すべての権限を握れるわけで、「ワンマン」とか「天皇」と呼ばれる経営者が多数生まれてきた。

　経済成長が続いている間は、企業は社長任せの経営をしていても経済とともに発展してきた。ところが、バブル崩壊と低成長経済になってパイが大きくならない中で、社長任せの経営では株主の利益が確保できない時代になってきた。それが世界的にコーポレートガバナンスが広がり、株主利益を拡大する動きにつながっていった背景だ。

公益法人は誰のものか

　今、学校法人で不祥事が相次いでいるのは、「公益法人は誰のものか」に答えがなかなか出ないからだ。

　2025年1月、東京女子医科大学（東京都新宿区）の理事長を

■元理事長の逮捕に関する東京女子医大の通知

Press Release

令和 7 年1月 13日
学校法人 東京女子医科大学

元理事長の逮捕について（1月13日）

お詫び

本日（1月13日）、本学元理事長が、背任容疑で警視庁に逮捕されました。

関係者の皆様には、多大なるご迷惑とご心配をおかけし、深くお詫び申し上げます。

既に元理事長は解任されておりますが、本日逮捕されたことは誠に遺憾であり、このような事態に至ったことを改めて厳粛に受け止めております。

本学の学生・保護者の皆様、附属病院の関係者およびご利用者の皆様をはじめ、全てのステークホルダーの皆様に深くお詫び申し上げます。

本学は引き続き、警視庁の捜査に全面的に協力し、大学全体で原因究明と再発防止に全力を尽くしてまいります。

逮捕された関係者については、確認された事実を踏まえ、厳正に対処してまいります。

【お問い合わせ先】

出所：東京女子医大ウェブサイト（2025年1月13日）

前年夏に解任された元理事長の女性（78）が逮捕された。新校舎建設を巡って大学から1級建築士に業務の実態がないのに1億2000万円のアドバイザー報酬を支払い、大学に損害を与えた背任の容疑だ。その資金が女性容疑者に環流していたことも疑われている。2021年に現職のまま逮捕された、前述の日本大学の元理事長のケースでも、附属病院建て替え工事を巡る金銭授受が行われており、それに極めて似た構図と言える。

　これほどまでに私立大学で不祥事が続くのは、「学校法人は誰のものか」という明確な答えを日本社会が持ち合わせていないためだ。

　「創業家との決別という意味では、容疑者の逮捕は悪いことではないと思います」

　東洋経済オンラインのインタビューに応じた東京女子医大の山中寿学長はこう語っている。記事のタイトルには「女帝逮捕」と書かれ、容疑者にいかに権力が集中していたかが批判の的になっている（記事には実名が記されているが、ここでは単に容疑者とする）。

　私学法ではこれまで、私立大学を経営する学校法人の理事長に大きな権限を与えてきた。理事長が理事会を通じて全権を握り、職員人事や事業計画や予算の策定、その執行に圧倒的な権限を振るってきた。こうした強権を持った理事長が時に暴走し、不祥事が発覚、刑事事件になってきたのだ。

　ガバナンスの強化が求められてきた上場企業などでは監督機能と執行機能の分離など、社長に対する牽制機能の強化が進んできた。公益財団法人などの場合、執行に当たる理事会と、監督権限を握る評議員会の機能を明確化して、理事長や理事会への牽制機能を働かせようとしてきた。もちろん、それでも不祥

事は起きているが、ことガバナンスに関する限り、学校法人は株式会社や公益法人から大きく劣後している。理事長の暴走を止める仕組みがなかったと言っても過言ではなく、それが不祥事がなくならない最大の理由だと言える。

学校法人の最大の問題は、経営の責任者である理事長をどう選ぶかというルールが緩いことだ。新学長が「創業家との決別」と言っている背景には、それが東京女子医大で容疑者が「女帝」になった最大の理由だったという意味だろう。前述の記事にはこう書かれている。

「容疑者は女子医大を卒業後、自ら経営する産婦人科クリニックで診療に当たっており、大学での研究や教育の実績はほとんどない。いわゆる町医者の容疑者が理事長になれたのは、創立者・吉岡彌生（やよい）の血族だったからだ。今回の逮捕で、女子医大の世襲制に終止符を打つという」

創業家との決別が大きな意味を持つというのだ。

■ 創業家の理事長に権力集中

実は、逮捕されるような不祥事を起こしていないまでも、絶対的な権力者として大学に君臨している創業家一族出身の理事長は少なくない。創業から50年以上経って創業者はとっくに世を去っていても、その子どもや孫が大学経営を受け継いで理事長になっているのだ。私学法では創業家から多数の人が理事になり理事会を支配することは事実上禁じている。その一方で、理事長に圧倒的な権限を集中させることが可能になっていて、創業家一族は理事長を世襲することで権力を握り続けてきた。

つまり、日本では、私立大学は「誰のものなのか」というガバナンスの議論が決着していないことに問題がある。企業なら

第3章　コーポレートガバナンスと会計

43

ば前述の通り「株主」に決定権が与えられているのは明確だし、米国の私立大学ならば寄付金を出して経営を支える「卒業生」が大きな力を握っている。ところが日本の場合、「誰のものか」という議論になると、学生のものだとか、地域社会のものだとか、教職員のものだとか、あらゆるステークホルダーのものだ、といった情緒的な答えに終始する。

　そんな中で、創業家一族の人にしてみれば、大学は創業家のものに他ならないと思っているケースが多い。確かに、設立当初は創業者が資金の大半を出していたり、資金集めの中心だったケースが多い。だが、学校法人は株式会社と違って出資金の持ち分という概念がないので、創業家は持株などで学校法人を所有することはできない。特定の個人に所有させない「公器」だということなのだ。

　設立後は、私立大学の場合、国や地方自治体からも多額の補助金が投入され、税制上の優遇措置もある。あるいは卒業生の寄付によって校舎を建てるなど卒業生の資金もつぎ込まれている。つまり、設立初期こそ創業家の貢献が大きかったとはいえ、その後は「創業家のもの」とは言えなくなっているのが私立大学なのである。

　にもかかわらず、創業家の利益を守るために、私学法は長年、理事長に強大な権限を与える一方、理事長を選んだり、クビにしたりする「牽制機能」を評議員会に持たせることには慎重だった。慎重だったというよりも、創業家理事長を中心とする学校経営者たちが、政治力を使って、法改正に抵抗してきたというのが実情だろう。

■ 動き出した私学法改正

　2025年４月から施行される私学法の導入議論では、理事会に対する牽制機能を評議員会に持たせることが焦点だった。他の公益法人では、理事を選ぶのは評議員会で、理事長を解任することもできる。いわば「最高監督機関」なのだが、これまでの私学法では、評議員会は「理事会の諮問機関」に過ぎず、評議員の半数までは理事が兼務できた。改正では理事と評議員の兼務が禁止されることになったものの、位置付けは「諮問機関」のままだ。私学業界の根強い反対の中で、兼務禁止が改正法に盛り込まれたのは一歩だが、理事選定機能は評議員会に一本化されなかった。理事の選び方は従来通り、「寄付行為（定款）」で決めることができる玉虫色の改正になっている。

　改正私学法は、日本大学の不祥事と軌を一にして作られたが、理事長の暴走など不祥事を防ぐのに十分なガバナンスを求める法律体系にはなっていない。半歩前進といったところで、まだまだ改正の余地はある。おそらく、また世の中を騒がす不祥事が起きた時に再度ガバナンスを強化するという議論になるのだろう。

　それでも、大学自身が「寄付行為」で定めれば、評議員会の権限を強くするなど、独自のガバナンスの仕組みを構築することも可能だ。つまり、「寄付行為」を読めば、その大学の体質が一目瞭然になるわけだ。中には、創業家以外の人間が理事長に就任することを防ぐような規程を残す学校法人も少なからずあると思われる。

　いったい大学は誰のものなのか。誰が経営に責任を負うのだろうか。18歳人口の激減が目前に迫る中で、経営力のある人物

たちで理事会を構成し、理事長を選ぶようにしなければ、経営
破綻を免れない。これまでのように経営力がなくても学生の人
口増でやって来られた時代とはまったく環境が違う。

「権力が集中する独裁体制の方が決断が早く経営はうまくい
く」という声も聞く。理事長が強い権限を持って経営に当たる
ことに異存はないが、暴走した時にブレーキをかけたり、暴走
させないための牽制機能がないのは危険極まりない。

かつてコーポレートガバナンスの強化が課題になった頃、「経
営がアクセルを思いっきり踏むには、きちんとしたブレーキが
必要なのだ」ということが言われた。また、強い権限を理事長
や理事会が持つためには、その選定方法が透明でなければ、レ
ジテマシーは得られない。2025年4月の改正私学法施行を機に、
全国の私立大学がどうガバナンスを変えていくのか。少子化の
中で生き残りをかける私立大学にとって、ガバナンスの強化が
まさに生命線になりつつある。

■ ガバナンスとトップ選び

ガバナンスの要諦は、組織を運営するトップに大きな権限を
与えて事業成果の最大化を図る一方で、そのトップが暴走した
時にそれを止めることができる仕組み、端的に言えば、トップ
を解任できる仕組みを作っておくことだ。経営トップの手足を
縛って身動きできないようにしてしまっては、経営成果を上げ
ることはできない。かといって全権を振るうようになれば、人
間は権力欲に溺れるもので、誰も歯止めがかけられない「独裁
者」になってしまう。トップの選び方を明確にしてレジテマシ
ーを与える一方、歯止めをかける仕組みも入れておくというこ
とだ。

アクセルを目一杯踏むためにこそ高性能のブレーキが必要なわけで、初めからスピードを出させないのなら、ブレーキも必要ない。

上場企業のガバナンスで、米国型と言われる指名委員会等設置会社が、トップを決める指名委員会の設置を義務付けているのも、ガバナンスの要諦が端的に言ってトップ選びに収れんすると考えているからだろう。だが、トップを選ぶ権限を手離して社外取締役にそれを託すことは、なかなか日本企業のこれまでの経営者にはできないことだ。いまだに指名委員会等設置会社を選ぶ企業が少ないのがこれを示している。

社外取締役が過半数になれば、自ずからトップの暴走は防ぐことができる。ちなみに取締役の総数とガバナンスには大きな関連がある。取締役の人数が多ければ多いほど、ガバナンスはむしろ効きにくくなる。かつて日本の銀行には取締役が数十人にのぼるところもあったが、そうした会社で仮にトップを辞めさせようとすれば、過半数の賛成票を集めるのは難しくなる。例えば8人の取締役会なら本人を除く4人の賛成で社長をクビにできる。その取締役会の過半数が社外取締役ならば、社長に厳しい評価は集まりやすい。それだけ小規模の取締役会はトップに緊張感を与え、牽制機能を持つと行っていいだろう。

次いで、ガバナンスを強化する上で重要なのが、トップや取締役の報酬をいくらにするかを決める報酬委員会だろう。トップの権限が強くなれば、トップの報酬は大きくなる。これを自分で決めていれば、いずれお手盛り批判が噴出する。トップにどれだけの報酬を支払うのか、明確なルールを決め、社外取締役を中心にそれを決めていくというのが指名委員会等設置会社の理念だ。

もともと米国の会社のトップの報酬は高額だったが、日本と同様、欧州諸国とりわけドイツなど欧州大陸の企業トップの報酬は今のように高額ではなかった。経済のグローバル化によって2000年前後に欧州でも会社制度の改革が行われ、トップに高額報酬が根付いていった。大西洋をはさんで競争する企業同士、経営者の争奪戦も不可欠で、高い報酬を支払わないと優秀な経営人材が獲得できないという問題もあった。欧州ではコーポレートガバナンスの議論は、高額報酬を透明化し、歯止めをかけることから始まった。経営者の報酬の考え方を開示させたり、取締役の報酬を個人別に開示させる流れが一気に広がった。この流れは日本にも影響を与え、有価証券報告書での開示拡大につながっていった。

　その２つと並んで大事な委員会が、会計の中身をチェックする監査委員会の設置である。指名、報酬、監査が経営の３本柱というわけだ。会計に関する処理や、決算書の作成がきちんとなされ、それが正しい決算書、財務諸表として外部に公表されていることが、ガバナンスの強化にとって極めて大事だということなのだ。

　経営者の暴走を防ぐために社外取締役を導入したり、評議員会に権限を持たせるガバナンス改革を実行しても、経営実態をつかめなければ、監督することはできない。経営実態をつかむには、会計がきちんと行われている必要がある。つまり、ガバナンスと会計は裏表の関係にあるのだ。

　では、その会計の仕組みについて、もう少し詳しく見ていくことにしよう。

第**4**章

公会計
―どこにでも必要な「会計」の視点―

単式簿記と国の借金

　誰しも子どもの頃に、「小遣い帳」を付けたことがあるのではないだろうか。小さなノートに罫線を引いた子ども向けの帳面も売られている。たいがい、日付、収支の項目と、収入額、支出額、残高を書くようになっている。「1月1日」「おじいちゃんからお年玉」「3000円」と収入欄に書いて、残額は「3000」円とする。それで翌日、2000円のおもちゃを買った場合、小遣い帳には、「1月2日」「おもちゃ」として、支出欄に「2000円」残高欄に「1000円」と記載する。手元に1000円が残っているから、間違いない。

　こうした小遣い帳も立派な「会計」である。つまり、多くの人たちは子どもの頃から「会計」にふれている。小遣い帳の書き方も親に教えてもらったことだろう。必ずしも簿記を学んだことがなくても、お小遣い帳の付け方くらいは分かる。親が、ノートやアプリで家計簿を付けているのを見たことがあるかもしれない。小遣い帳の発展型とはいえ、これも立派な会計帳簿である。

▌国の決算書

　国が作る決算書も、基本的にこれと同じだ、と言ったら驚かれるかもしれない。国や地方自治体の場合、収入を「歳入」、支出を「歳出」と呼ぶが、帳簿を付ける考え方は、家計簿と変わらない。いくらのお金が入ってきて、それを使って、どれぐらい残ったかを知る、基本的な会計の仕組みと言える。

　企業が作成する帳簿は「複式簿記」といって、小遣い帳とは

かなり違う。これについては、後々、詳しく説明するが、「人類最高の発明の1つ」と呼ばれるほど、複式簿記の考え方は一気に全世界に広がり、今では企業会計では「複式簿記」が全世界共通で使われている。この「複式簿記」に対して、家計簿などは「単式簿記」と呼ばれる。

国や地方自治体の決算書は「単式簿記」の1つと考えてよい。お金の収支だけを見るためだ。

例えば、国の令和5年度（2023年度）の一般会計の決算概要によると、歳入は140兆2016億円、歳出は127兆5788億円となっている。差し引き12兆6227億円が「剰余金」だが、翌年度の予算財源として11兆632億円が差し引かれ、さらに地方への補助金（地方交付税交付金など）が引かれるので、「純剰余金」は8517億円であるとしている。

国の財政は赤字で大変だと聞いたことがある人も多いに違いないが、なんだ、剰余金が出ているのか、と思われるだろう。だが、国の決算を見る場合、単式簿記ならではの大きな問題があることに注意が必要だ。

▌借金しても収入

単式簿記の場合、お金の出入りに着目するので、借金をしてもそれは収入になる。家計簿の場合、前月の赤字分を消費者ローンから借りた場合、その借金額は「収入欄」に書かれる。一方で、返済した場合にはお金が出ていくので、「支出欄」に金額を書く。国の決算も似た仕組みで、税収で足りない分は、国債を発行して資金調達した部分を歳入としている。つまり、借金が収入になるのだ。

2023年度決算を見ると、歳入140兆2016億円のうち、税収

（所得税や法人税、消費税などの収入）で賄えているのは72兆761億円で、国債発行による収入が34兆円9979億円ある。このほかに「税外収入」や「前年度の剰余金」がある。

　一方で、国債の利息の支払いだけでなく、元本を返済した場合も「歳出」になる。歳出総額127兆5788億円のうち、これらの「国債費」が25兆5010億円含まれている。

　後ほど見る企業会計では「借金」は収入や支出には入れない。借金は会社の売り上げなど収入ではないからだ。また、借金の金利は支出として計上するが、元本返済は記載しない。こうした借金の額（負債）と借金によって入ってきた現金（資産）は、「貸借対照表（B/S）」という資産状況を示す帳簿には書き入れるものの、会社の収支を示す「損益計算書（P/L）」には書き入れない。国の決算を見る上で、この点が最も大きく違う。

▍建設国債と赤字国債

　国が必要な支出を決めて予算を組む場合、その財源をどこにするかが大きな問題になる。基本的には税収や税外収入などで賄うべきなのだが、日本政府は長年、税収が足りない部分を国債発行で補ってきた。そうした足りない歳入を補うための国債を「赤字国債（特例国債）」と呼ぶ。一方で、公共事業など国の投資に該当するものは国債で賄うことが認められていて、これは「建設国債」と呼ぶ。

　財政法という法律で国の歳出は原則として、国債や借入金以外の歳入、つまり税収や税外収入で賄うことと決められているのだが、例外として「建設国債」は認められてきた。ところが、それでは支出を賄えなくなって、「特例国債」が誕生。その額

がどんどん膨らんでいくことになった。このほかに、東日本大
震災からの復興のための施策を実施する財源とするために「復
興債」が発行されている。

　財務省が出している2024年度末の国債残高は、建設国債が
298兆円、赤字国債が803兆円、復興債が5兆円となっており、
合計で1105兆円となる見込みだ。1990年度末には国債発行残高
は166兆円に過ぎなかったが、2000年度には368兆円、2010年度
には636兆円と激増。2022年度に1000兆円の大台に乗せた。

　国債に、政府の借入金、政府保証債務を合わせた「国の借
金」の総額は2024年3月末で1297兆円1615億円で、8年連続、
過去最多を更新した。日本が1年間で生み出す付加価値である
GDP（国内総生産）は2023年度で591兆円なので、その200％
以上の借金を抱えていることになる。これはG7と呼ばれる先
進7カ国の中で最悪なだけでなく、韓国や中国、ギリシャなど
に比べても悪い数字になっている。

　2023年度の税収と税外収入の合計は83兆8596億円に過ぎない
のに、1297兆円の借金を抱えていることになる。家計に置き直
せば、838万円の年収の家庭が1億2970万円の借金を抱えてい
るようなものとも言える。

　つまり、歳入を上回る歳出を続けてきたのに対して、足りな
い歳入を補うために国債発行を続けてきた結果、国債の発行残
高、つまり借金がどんどん積み上がっていき、他国とは比較に
ならないほどの借金大国になってしまった、ということなのだ。

▌プライマリーバランス

　借金をしてもそれが収入にカウントされる国の会計の欠点を
補うためにしばしば使われる指標が「プライマリーバランス」

と言われるものだ。国債の償還や利払いを除いた「政策的経費」を、国債発行による歳入を除いた「税収と税外収入」で賄うというものだ。この金額が一致した時点で「プライマリーバランスが均衡した状態」と呼ぶ。

つまり、借金の利息は考えずに、日々使う事業費だけは収入の中に収めましょうというのがプライマリーバランスの均衡だ。実際には国債の利息分を賄わなければならないので、「財政が均衡」したとは言えない。足りない分、借金をしなければならないので、借金額が増え続けることになる。

財務省が計算したプライマリーバランスは、2023年度で31兆9000億円の赤字にのぼる。2024年6月に閣議決定した「経済財政運営の基本方針」いわゆる「骨太の方針」では、2025年度にプライマリーバランスを黒字化するという目標を明記した。景気が回復して税収が増えているので、プライマリーバランスを黒字化できると首相官邸は考えたようだが、民間のエコノミストなどは、黒字化には懐疑的だ。

なぜ国や自治体の借金が減らないのか

国だけでなく県や市町村といった地方自治体もそうだが、歳入が足りなくても公債（国債や地方債などの債券）を発行することで入ってくる資金で歳入を補えてしまうため、歳出を減らす努力をせずに債券発行で乗り切ろうというマインドが強くなってしまう。特に、国の場合、赤字国債の発行になかなか歯止めがかからなくなっている。

予算を減らすインセンティブがない

　国会議員の多くは地元の有権者に喜んでもらおうと、地元の道路やトンネル、港湾整備などに影響力を発揮しようとする。そうなると国会議員にとっては国家予算がどんどん膨らんでいく方が都合がよく、国会で予算を減らすべきだ、という主張をする議員はほとんどいない。霞が関の官僚たちも、自分の事業を実行するための予算が増える方がよく、割り当てられた予算を余らせようとする官僚はまずいない。つまり、政治家も官僚も予算の膨張に歯止めをかけようとなかなかしないのだ。例えば課長ならば、予算を獲得して人員を増やせば名課長と言われるが、人を減らしたり、事業を縮小して予算を余らせても誰も褒めてくれない。つまり、予算を圧縮するインセンティブが政治家にも官僚にもないわけだ。ここに借金の増加が止まらない根本原因がある。

　県や市などの地方自治体でも似たような構図で、県議会や市議会議員が予算を減らせという意見はなかなか出てこない。このままでは市の財政が破綻するとして市長選などで選ばれた市長が、大なたを振るうことがあるが、これは放っておけば、自治体の財政が行き詰まり、公共サービスがカットされるか市民税の引き上げなど負担増を求められるという「身近な問題」として市民が捉えているからだ。なかなか、誰も国が破綻するとは思っていないので、借金が膨らんでも危機感を肌で感じる国民は少ない。

　では、国はともかく、市町村で財政破綻する例はないのだろうか。

▍財政再建団体　夕張市

　北海道夕張市のウェブサイトを開くと、「借金時計」というのが目に飛び込んでくる。夕張市が発行した「再生振替特例債」という債券の償還（返済）が時間とともに進み、市の借金の金額が少しずつ減っていく様子を、概念的に可視化しているものだ。2027年3月には返済が終わり、財政再建計画が終了する予定になっている。

　実は夕張市は巨額の財政赤字を抱えて自主再建を断念、2007

■夕張市の借金時計

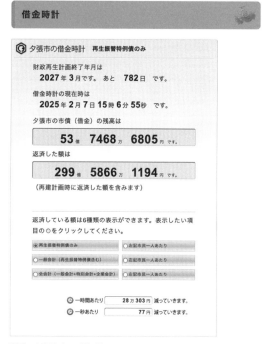

出所：夕張市ウェブサイト

年に「財政再建団体」に認定されて、国の管理下で再建が始まった。国は財政破綻することが想定されていないものの、地方自治体は財政が行き詰まった場合、国が主導して再建することになっている。それが財政再建団体だ。

夕張市はもともと炭鉱町で、多くの炭鉱労働者が住み、活気を呈していた。1960年には11万6908人の人口を抱える都市だった。ところがその後、炭鉱が次々に閉山され、1990年には最後まで残っていた三菱石炭鉱業南大夕張炭鉱が閉山した。

1980年代、バブル経済の真っ只中で、全国的にリゾート開発ブームに沸いていた。夕張市も「炭鉱から観光へ」をキャッチフレーズに、テーマパーク「石炭の歴史村」をオープンさせ、スキー場も作った。「ゆうばり国際ファンタスティック映画祭」の開催など、観光産業に多額の投資を行った。

ところがバブルの崩壊もあって、観光・レクリエーション施設の投資による借金や、経営の悪化による累積赤字によって市の財政が急速に悪化していった。1988年に開館した「夕張ロボット大科学館」など、観光開発に一貫性がなかったこともあり、人気は高まらず、同館は2006年には閉館に追い込まれた。

夕張市は多額の負債を抱えた第三セクターの破綻処理を迫られた。株式会社石炭の歴史村観光の負債は74億8800万円、夕張観光開発は54億6000万円、夕張木炭製造は16億円に達した。

夕張市はこうした観光開発などに多額の資金を投じるために公債（地方債）の発行を続けた。市の財政規模が44億円に過ぎないのに、地方債の残高は187億円に達し、金融機関からの借入金も292億円に達していた。第三セクターなどへの債務補償も120億円あるとされ、財政的にほぼ行き詰まった。

地方債を返済（償還）する資金を得るためにさらに地方債を

発行する事態が続いた。地方自治体の財政の健全性を測る尺度の1つに「実質公債費比率」がある。税金や地方交付税交付金などの収入に対して、借金の返済額（公債費）がどれぐらいになるかを示すもので、18％を超えると総務省の許可がなければ地方債の発行ができなくなるほか、25％以上は「早期健全化基準」に抵触して「黄色信号」が灯る。35％以上は「財政再生基準」と言われ、これに抵触すると財政再建団体などに指定され、再建に向けて大なたが振るわれることになる。2006年の段階で夕張市の実質公債費比率は38.1％に達していた。

　財政を立て直すには、税収などの収入でやっていけるよう、支出を大幅にカットする必要がある。夕張市も市長や助役の大幅な手当カットを実施、職員の給与も15％カットした。さらに、新規採用を凍結、早期退職などによって職員の半数を削減した。

　市が住民に提供している公共施設なども次々に廃止された。さらに市民税や固定資産税が引き上げられたほか、下水道使用料も大幅に引き上げられた。

　市民へのサービスが低下するとともに、市外に移住する人も増えた。財政破綻直前の2005年には夕張市の人口は1万3000人だったが、その後、減り続け、2020年の国勢調査では7334人になった。

▍自分の町が破綻する

　多くの人は自分の町が破綻するとは思っていないだろう。だが、今後、人口が本格的に減少していく中で、多くの自治体が財政悪化に苦しむことになる。夕張市のように公債などでの借金が限界に来れば、役所の合理化が不可欠になり、住民サービ

スの削減が不可欠になる。もちろんそうなれば、道路や橋など公共インフラの補修などメンテナンスもできなくなっていく。公共施設が老朽化しても建て直すお金がないという事態に直面することになる。これは大都市圏にある規模の大きい市町でも起こりうることだ。

企業経営と複式簿記

　手元にあるお金で必要なものが手に入れられるか、そして手元にお金がいくら残るかが最大の関心事である、国や自治体の会計は「単式簿記」会計の考え方が合っているとも言える。一方、お金の出入りだけでなく、本当に儲かっているのかどうか、そしてその儲けの蓄積である財産はどうなっているのかを知る必要がある企業経営にとっては、「単式簿記」では把握できない点が少なからずある。それを補うのが、「複式簿記」会計と呼ばれるものだ。

　複式簿記は非常に簡単に取引を記録でき、誤りを発見しやすい特長から、会社の実態を第三者に説明する方法として世界に広がった。複式簿記がいつ、どこで誕生したかは諸説あるが、中世のイタリア商人たちが使い始めたということは間違いなさそうだ。大航海時代と言われた15世紀には、複式簿記は定着していたと考えられている。大航海時代の貿易船は、航海に出る前に広く出資金を集め、ひと航海終わって貿易で儲けた収支を計算して、それを分配していたと言われる。その、収支を計算する上でも複式簿記は都合がよかったのだろう。

第4章　公会計—どこにでも必要な「会計」の視点—

▍簿記会計の父　パチョーリ

　イタリアの数学者ルカ・パチョーリ（1445-1517）が1494年に書いた数学書『スムマ』の中に、複式簿記が学術的に説明されていて、パチョーリは「簿記会計の父」や「近代会計学の父」と呼ばれている。こうした書物を通じて複式簿記が他国へも広がっていったことは間違いないが、複式簿記自体が生まれたのはそれよりも遡ることは明らかだ。

　1660年頃には大恐慌に見舞われたフランスで、資産を隠すために偽装倒産する会社が多く現れたという。これを防ぐためにルイ14世が「倒産時に会計帳簿を裁判所に提示できなかった者は死刑に処する」という法律を制定したという逸話が残る。

　その後も、1720年には英国で「南海泡沫事件」と後に呼ばれることになる投機ブームが起きた。「南海会社（The South Sea Company）」は1711年に、グレートブリテン王国（英国）の財政危機を貿易による利益で補うことを目的に設立された。

■ルカ・パチョーリを描いたイタリアの切手

出所：セント・アンドリューズ大学（スコットランド）図書館のウェブサイトより

■ルカ・パチョーリ『スムマ』

出所：Wikipedia

　当時の英国は中産階級の拡大、彼らの余剰資金が投資先を探す「カネあまり」状態が生じていた。株式を発行する株式会社は格好の投資先で、南海会社にも多額の投資資金が流入した。無許可での株式会社設立が相次ぎ、こうした株式会社の株式も売り出された。

┃バブル崩壊

　1720年1月に100ポンド強だった南海会社の株価は、5月には700ポンドを突破した。政府はこうした「バブル」に歯止めをかけようと、6月24日に「泡沫会社規制法」を成立させると、南海会社の株価はこの日に付けた1050ポンドを最高値に、暴落

に転じることになった。この株価の急騰と大暴落で、破産する人や自殺する人が多数出たとされる。この「泡沫会社」から「バブル」という言葉が生まれた。

　ちなみに、「万有引力」の考え方を提唱したアイザック・ニュートンは当時、78歳で王立造幣局長官の任に就いていた。ニュートンは南海会社の株で一時7000ポンドを儲けたものの、バブル崩壊で2万ポンドの損害を被った。造幣局長官のニュートンの年俸は高額で2000ポンドと言われていたので、その10年分の損失を被ったことになる。日本円で4億円とも言われる損を出し、「私は天体の動きは計算できるが、人々の狂った行動は計算できない」と語ったと言われている。

　南海泡沫事件以前の世界でも、バブルに人々は踊り、その破綻で苦境を味わってきた。

　オランダで1634年から1637年にかけて起きた「チューリップ・バブル」が一例だ。大航海時代まで欧州の通貨の基軸は「銀」で、流通していた銀の大半は南ドイツで産出されたものだった。年間産出量は3万キロ程度だったとされる。16世紀半ばからスペインが産出を行った南米のポトシ銀山（現在はボリビア）からは大量の銀が流入。年20万キロを超えたとされる。また日本の石見銀山も世界有数の産出量を誇り、中国を通じて世界に銀が大量供給されていった。

　欧州で銀が大量に出回るようになり、貨幣価値が下落するとともに物価が上昇するインフレが続いた。市民階級に富が蓄積していたオランダでは、資産価値を維持するための投資が盛んに行われるようになった。その投資対象としてチューリップの球根が人気を集めたのだ。球根の値段はどんどん上昇、庶民も家財道具を担保に入れて投資資金を作り、一攫千金を狙って珍

しいチューリップに投資した。1つの球根が馬車1台と同じ値段になったり、裕福な商人の年収に相当する金額で取引されたりした。

実物の球根を買うのではなく、将来取れる球根を買う権利も売買された。現代の金融で、金融派生商品と呼ばれるものの1つである「オプション取引」の原型とも言われる。

しかし、熱狂は冷める。1637年2月、それまで急騰していたチューリップ球根の価格が突然下がり始めた。疑心暗鬼から、投資家による売りが売りを呼ぶ状態となり、球根価格の下落は止まらなくなった。大暴落によって短期間で多くの破産者を生み出したと言われる。これが世界最初の「バブル」だったと言われる。バブルの形成と崩壊は、経済活動を行っていく上で、繰り返し襲ってくる宿命にあると言われる。20世紀末の日本で起きたバブルとその崩壊も、そうした繰り返されてきた歴史的な経済事象の1つである。

南海泡沫事件で会社の株式が投機対象になったことで、株式会社の制度の改変や、それに伴う会計制度の整備が行われた。18世紀から19世紀の英国の産業革命で、より合理的で健全な会社経営が求められるようになると、そのために必要不可欠なものとして複式簿記をベースにした会計制度が広がっていった。

▍公会計の落とし穴

国や地方自治体が使う「単式簿記」をベースにした会計ルールを「公会計」と呼ぶが、「企業会計」で発展した「複式簿記」とは決定的な違いがある。借金をして手に入れた資金でも「収入（歳入）」と考える「単式簿記」の考え方は、時として、無節操な借金で資金を賄うこととなり、借金に依存していく落と

し穴がある。「企業会計」の場合、金融機関からの「借入」や株主からの「出資」は、あくまで会社の外部から預かったもので、売り上げなどを通じて会社が儲けたものとは意味が違う。複式簿記では、この資金の性格の違いをきちんと分類、管理できるのが特徴だ。

　また、公会計の「単式簿記」では、インフラを作るための支出は、その年度に出ていった実際の額しか記載せず、将来建て替えが必要になった場合の必要資金については手当することを考えない。企業会計では将来建て替える資金を確保しておくための「減価償却費」という概念がある。この違いが決算数値上も大きく違うことは、第7章で見ていきたい。

第5章

制度を支える会計専門職

監査制度と公認会計士

■ 高まる会計士試験人気

　2015年の公認会計士試験はどん底だった。試験受験者（願書提出者）が1万180人にまで減り、合格者も1051人と2002年以降、最低になった。その前の受験者数のピークは2010年の2万5648人だったので、半分以下に減っていた。

　2015年は東芝の不正会計問題が発覚した年で、監査を担当していた監査法人や担当会計士が処分されるなど、会計監査のあ

■「公認会計士の魅力」を伝えるコンテンツ

出所：日本公認会計士協会ウェブサイト（2025年2月7日閲覧）

り方が強く批判された。安倍晋三内閣によるアベノミクス開始以降、就職情勢が急速に好転したこともあり、難しい公認会計士試験に挑戦するのではなく、民間企業に就職する学生が増えたことも、受験者の大幅な減少につながったとされる。

危機感を持った日本公認会計士協会では、「コウニンカイケイシってナンダ⁉」と題する、職業としての会計士をPRする動画を作成するなど、会計士の知名度アップに力を入れた。

「公認会計士って、どんな仕事？　お金の計算ばかりしている仕事？　決算書を作る専門家？　そんな風に思ってはいませんか？」

動画が公開されるにあたって会計士協会はそんな問いかけをしている。

「公認会計士は健全な資本市場を守る社会的に重要な役割を持ち、経営的思考を持って企業のトップと接する、やりがいと可能性にあふれた職業です。その魅力をこの動画で感じ取って、あなたの未来の選択肢にぜひ『公認会計士』を加えてください」と、リクルートを前面に打ち出した。

それぐらい若い人材の確保が難しくなっていることに危機感を募らせていたのだ。

■ 振り回された「人気」職業

学生たちに公認会計士試験が敬遠されていたもう1つの要因は、日本最難関と言われるほど合格率が低かったこと。2011年には最終合格者の願書提出者に占める割合（合格率）は6.5％にまで下がった。かつては在学中に合格しなくても、浪人して予備校に通い、合格を目指すというのが当たり前の姿だった。ところが最近では試験合格のために浪人することを嫌う風潮が

■公認会計士合格者の推移

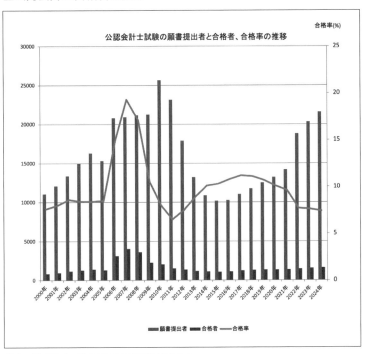

出所：公認会計士・監査審査会の発表資料から作成

強まり、会計士試験離れに拍車をかけた。

　2000年代に会計士不足が深刻化すると、試験制度の見直しなどで会計士試験に大量に合格させる時代が続いた。2006年には3108人、2007年には4041人、2008年には3625人が合格している。当時の合格率は2007年で19.3％。合格率の上昇とともに受験者も増え、2010年に2万5648人に達したのは、そんな背景があった。

　そこへ、リーマンショックが直撃。一転して、会計士余りの時代に直面する。1つの監査法人で500人規模の採用をしてい

たところが、一気に絞り込んだため、試験に合格しても監査法人に就職できない「就職浪人」が誕生したのだ。会計士は試験に合格しても、監査法人などでの2年間の業務補助と、3年間の実務補習が終わらなければ会計士として活動できない。監査法人に入れないと実務補習が事実上受けられないという問題に直面した。

会計士試験は本来、業務を始める前提の資格試験だが、弁護士試験などとともに、試験に受かれば食べていけるという「ギルド組織」への登竜門になっていた。米国などでは会計士資格を持っていても他の職業に就いているケースは普通だが、日本の場合大半が監査法人などの会計事務所に勤め、一般企業の経理部などに就職するケースは稀だった。

▎増加に転じた受験者数

公認会計士協会の努力もあってか、2015年を底に、受験者数はジワジワと増えてきた。受験者数が減る一方で、監査法人などの人手不足を補うために、合格者を増やしたことで、合格率が10％を超えるようになったことから、チャレンジする人が増えたという面が強い。資本市場の拡大や、企業金融の高度化によって、企業などが求める会計人材へのニーズが高まっていることも背景にあった。

2023年には受験者数が20317人と、2011年から12年ぶりに2万人の大台に乗せた。合格者も1544人と、2011年以来の1500人超えとなった。

もう1つ大きいのが、大学在学中に合格する現役合格の割合が高くなったことだ。2023年の試験で、大学在学中の合格者は全体の42.2％、高校卒業で合格した人も6.2％いたので、大学卒

業前に試験に合格する人が半数近くにのぼるようになった。「きちんと勉強すれば合格できる試験」として、試験突破を目指す人が増えたのだと見られる。司法試験が「勉強してもそう簡単には受からない」超難関試験であり続けたため、受験者数の減少がなかなか止まらなかったのとは対照的だった。

仮想通過ビットコインの基盤技術であるブロックチェーンが広がれば、相互にデジタルデータを保有することで、会計帳簿で不正を働くことは難しくなるとされる。そうなれば、会計帳簿が正しいかどうかを証明する会計監査自体が姿を消す可能性も出て来る。会計業務は「消える職業」として、いの一番に名前が挙がる。一方で、会計知識を持った専門家へのニーズは、監査法人など専門職業組織に限らなくなった。企業を上場させたり、M&A（合併・買収）の仲介をするなど経営コンサルタントには会計知識が不可欠で、そういう専門家を目指す人たちが、会計士試験を受けるケースも増えている。もちろん、一般の企業や役所、NPOなどでも会計の重要性が高まるとともに、専門知識を持った会計士を求める動きが強まっている。

▌会計監査とは何か

会計監査は、企業などが作成した財務諸表が、実態を適正に表示しているかどうかを調べ、「会計監査人」が意見を表明することを言う。会計監査人が決算書は正しいと意見表明することで、投資家は会社の財務情報を信頼することができる。上場企業など一般に「会計監査」と呼ばれるものを監査する「会計監査人」には、資格を取得した公認会計士しかなることができない。これは世界的にも同じで、世界の上場企業でも会計監査人の監査証明を得ることが上場維持の基準になっている。

70

もっとも日本には「政治資金監査」や「農業協同組合監査士」のように、「監査」という名前が付く会計監査とは別の仕組みがいくつもあり、これには公認会計士以外の専門家が就任したり、公認会計士とは別の国家試験で資格を与えている。公認会計士が「監査」をすべて独占しているわけではない。

　ここでは、公認会計士が行う上場企業などの監査を例に、どんなやり方で監査を行っているかを見ていこう。

　会計監査人の表明する意見には以下の4つがある。

・「無限定適正意見」＝財務諸表を適正に表示している
・「限定付適正意見」＝財務諸表の一部に誤りがあるが、それ以外は適正に表示している
・「不適正意見」＝財務諸表を適正に表示していない
・「意見不表明」＝監査を実施することができず、財務諸表を適正に表示しているかどうか不明

　これらの監査意見は「独立監査人の監査報告書」という様式で書かれ、会社が公開する財務諸表とともに有価証券報告書に添付される。第10章で説明するEDINETで有価証券報告書を見ると、必ずこの監査報告書も提出されている。

　規模の小さな会社では、会計監査人は財務諸表ができかかった段階で会社に行き、それが正しいかどうか、チェックをする。一定以上の規模の会社になると、2カ月に1度など、訪問回数は多くなる。決算書が出来上がってから監査を始めたのでは、監査報告書を有価証券報告書の提出期限までに間に合わせられなくなるため、常日頃から会社の実情を知るために訪問を繰り返すわけだ。

▌帳簿だけでなく実態もチェック

　会計監査人は財務諸表をチェックするだけでなく、その決算書が正しく表示されているか、取引の内容に踏み込んでチェックする。例えば、貸借対照表（B/S）の現預金の項目に金額がある場合、現金の存在を確かめるだけでなく、銀行に問い合わせて残高を調査する。また、在庫の金額が正しいか、倉庫に行って在庫の数を数えるなど実際に出向いて調査することもある。これを「実査」という。

　また、例えば、仕入れについて調べる場合、会社が作成した発注書、取引先から受け取る納品書・請求書のチェックや、こうした資料を元にした従業員からの聞き取りなどを行って、仕入れの始まりから終わり、買掛金の支払いまでの流れを確認することになる。もちろん、すべての取引についてこうした詳細な手続きで調査をすることは不可能なので会計監査人が選んだ「サンプル」を調査する。これを「サンプリング調査」と呼ぶ。

　上場企業では、株主総会や取締役会の議事録、稟議書などをチェックして、会社が適正に運営されているか「内部統制」についても監査する。

　こうした監査の手続きは、上場企業に義務付けられているほか、資本金5億円以上、負債200億円以上といった大会社についても監査が義務付けられている。

　上場企業の決算書に監査意見を付けるのは、これによって投資家が決算書を信用できるようにしているためだ。会計監査人が「資本市場の番人」と呼ばれるのはこのためだ。投資家は取引所に上場している企業の株式を自由に売買できるが、買った会社の株券が何の資産の裏付けもない「紙切れ」だったとした

ら、誰も取引所、つまり資本市場を信用しなくなる。

粉飾決算した企業が上場廃止になるのも、資本市場から追放することを意味する。腐ったりんご（粉飾決算会社）をりんご箱（資本市場）の中に入れておくと、周りのりんごも腐って、箱全体がダメになっていく。そうしたことを防ぐために、監査でアウトになった企業には厳しい対応がとられるわけだ。

また、そうした企業の監査を担当する公認会計士が、企業経営者とグルになって決算書をごまかした場合、それは資本市場の参加者全員をだますことになるわけで、米国などでは厳しく処罰される。日本でも東芝を監査していた会計士には厳しい処分が下された。

「ゴーイング・コンサーン」

監査を行って問題があった場合には、「不適正」などの監査意見を付けて、投資家に注意を促すのが会計監査の仕組みだが、いきなり不適正意見を出せば、そのこと自体が死刑宣告になり、会社は信用を失って倒産してしまいかねない。そこで、最近増えているのが、ゴーイング・コンサーンに関する情報を企業に記載させ、そうした記載があることを監査報告書で「追記情報」として注意喚起する手法がとられている。ゴーイング・コンサーンは「継続企業の前提」と訳され、その企業が今後も継続していくことを前提に決算書は作られているが、状況によっては経営が継続できずにその前提が崩れる可能性がある、つまり倒産する危険性があるということを、投資家に示すものだ。

2020年5月にアパレル大手のレナウンが東京地裁から民事再

第5章 制度を支える会計専門職

73

■レナウンの監査報告書に記載された「強調事項」

強調事項

　継続企業の前提に関する事項の注記に記載されているとおり、会社は４期連続で営業損失を計上しており、当事業年度においては8,309百万円の営業損失を計上している。なお、当事業年度の販売費及び一般管理費に計上した貸倒引当金繰入額5,779百万円には、会社の親会社である山東如意科技集団有限公司の子会社である恒成国際発展有限公司に対する売掛金の回収が滞ったことにより計上した貸倒引当金繰入額5,324百万円が含まれており、会社の資金繰り計画に重要な影響を及ぼしている。さらに、会社は２期連続で連結の経常損失を計上しており、一部の金融機関と締結している借入契約（2019年12月31日現在借入残高585百万円）について財務制限条項に抵触している。2020年２月末以降の新型コロナウィルスの感染拡大が販売に影響を及ぼす中、当該財務制限条項への抵触による資金繰りに与える影響が増している。当該状況により、継続企業の前提に重要な疑義を生じさせるような状況が存在しており、現時点では継続企業の前提に関する重要な不確実性が認められる。なお、当該状況に対する対応策及び重要な不確実性が認められる理由については当該注記に記載されている。財務諸表は継続企業を前提として作成されており、このような重要な不確実性の影響は財務諸表に反映されていない。

　当該事項は、当監査法人の意見に影響を及ぼすものではない。

出所：株式会社レナウン第16期有価証券報告書（2020年３月）

生手続き開始の決定を受けて経営破綻した。再生を目指したが、その後も救済者が現れず、結局レナウンは破産手続きに入って、118年の歴史に幕を閉じた。

　その倒産の直前、2020年３月31日に提出された2019年12月期決算の有価証券報告書には、このゴーイング・コンサーンに関する注記が書かれている。

■ 投資家への注意喚起

　経営者が記載する「事業の状況」には、「現時点においては、継続企業の前提に関する重要な不確実性が認められます」と記載。「経営者の視点による経営成績等の状況に関する分析」のところには、「当該状況により、継続企業の前提に重要な疑義を生じさせるような事象または状況が存在していると認識しております」と書かれている。

　その上で、「独立監査人の監査報告書」には「強調事項」として、会社が借り入れをする際に金融機関との間で約束した「財務制限条項」に抵触している点にふれ、「財務諸表は継続企業を前提として作成されており、このような重要な不確実性の影

響は財務諸表に反映されていない」と記載された。投資家にリスクを強調しているわけだ。実際、この有価証券報告書が公表された3月31日からわずか1カ月でレナウンは経営破綻している。

　監査報告書にはこうした投資家への注意喚起を促す機能もあり、それを担う会計監査人、すなわち公認会計士は大きな責任を負っていることになる。

■ 知識より大事な会計倫理

　東芝の巨額粉飾決算問題で、監査を担当していた新日本監査法人が行政処分を受けるなど、会監査のあり方が大きく問われている。不祥事が繰り返されるたびに監査の見直しが行われてきたが、制度のどこに不備があったのか。あるベテラン会計士

■東芝の粉飾問題に関する新聞記事

出所：日本経済新聞2015年7月21日

Z氏は「われわれ会計士自身の問題だ」と、後輩を叱咤する。どういうことか。2015年にベテラン会計士が語った思いを、まずは読んでもらおう。

——東芝問題が監査制度を根本から揺さぶっています。金融庁は「会計監査の在り方に関する懇談会」を設置して、監査制度の見直しなどを行いました。

Z氏 もちろん、制度に大きな欠陥がないのか、きちんと検証することは大事です。しかし、日本の監査制度自体は国際的に見ても何ら遜色はなく、よくできた制度だと私は思います。にもかかわらず、粉飾事件が繰り返されるのは、結局は、われわれ会計士自身の問題です。会計士が深い反省に立った上で、信頼の回復を目指すことが不可欠だと思います。

業界全体を揺るがす、あれだけの問題が起きたにもかかわらず、危機意識が根本的に欠如しているのです。

——会計士自身の問題とはどういう意味ですか。

Z氏 監査を担う会計士としての使命感の欠如です。会計士や弁護士は「士業」と言われますが、真の「サムライ」魂をどうやって蘇生させるかを考えなくてはなりません。また、会計士は「職業的懐疑心を持て」と言われるわけですが、これを堅持することも大切です。そのために何をやるか。

会計士としての教育をきちんとするしか手はないでしょう。会計教育というと新しい会計知識やテクニックを教えることに偏りがちです。特に「倫理」については、もっと教育時間を増やすべきです。

——東芝の問題では、会社と会計士の力関係が問題になりま

76

した。

Z氏　昭和40年代（1965年）以降、監査法人は中小事務所の合従連衡で規模を拡大しました。もともとは大きな組織ではなかったので、上場する大企業を監査することは会計士にとって名誉なこと、という意識がありました。大企業の監査をやっている会計士は一流。そんな感覚は今でも根強くあります。厳しい監査をして契約を失ったらどうしようと考えてしまう体質は厳然として残っています。

かつては、大企業を監査していると黒塗りのハイヤーが迎えに来たり、高級料亭で酒食の接待を受けたり、ゴルフやカラオケが当たり前でした。最近ではそうしたことはほとんどなくなりましたが、企業からの独立性の保持や癒着を回避する意識は会計士一人ひとりが強く持たなければなりません。

——癒着を防ぐために、企業を担当する会計士を監査法人内で交代させるローテーション制度が導入されています。

Z氏　合併を繰り返した監査法人では、監査企業ももともとはどこの法人の担当だったという「色」が残っている例が多く、その旧法人で育った会計士が代々、その企業を受け継いでいるというケースが少なくないのです。法人内のローテーションでは、そうやって何らかの関係がある会計士を担当にすることが可能になります。会計士は、深い反省の下、信頼回復を目指す姿勢を前面に打ち出してほしいと思います。「信なくんば立たず」です。後輩たちには、公認会計士としての王道を歩んでもらいたいと思いますね。

世の中を騒がせた東芝の粉飾決算問題の後も、会計監査を巡る不祥事は後を絶たない。公認会計士を目指す人々や、公認会

77

計士として会計監査を行っている人たちには、会計知識はもちろんのことだが、独立した立場から投資家を守るための倫理観、正義感の涵養が不可欠だということだろう。

第**6**章

決算書で「実態」が分かる

損益計算書とバランスシート

▌儲かっているのにお金が足りない

　千葉県市川市のJRの駅前で、17席の小さなイタリアンレストランを経営する若いオーナーは何とかお店の儲けを増やそうと考えていた。レストランではイタリアンを中心にした創作料理とお酒を提供。営業時間は17時から23時で、毎週月曜日を定休日としている。

　オーナーは、営業開始前には仕込みを行うため、12時頃からお店に入り営業の準備をしていた。仕込みだけしている時間がもったいないと考え、仕込みと並行して、テイクアウト販売をしようと考えた。販売経路を拡大すれば、売上高の増加につながり、儲かるのではないかと考えたのだ。そこで、テイクアウト販売を実験的に始めることにした。

　テイクアウト販売は、営業時間外の13時から16時にし、前菜とメイン料理をパックに入れて店頭に並べることにした。前菜は1パック600円前後。メインの肉料理は真空パックに入れて1700円前後で販売することにした。テイクアウトなのでお酒の販売はやめた。

　1カ月の試験営業の結果、売り上げは増加したものの、なぜか儲けがほとんど出ないことに気がついた。

　テイクアウト販売は順調で、ほぼ毎日売り切れの状況が続いた。通常営業に加えて、テイクアウト販売も行ったため当然、売上高は通常営業のみの場合と比べて増加した。テイクアウト販売の開始は売り上げを増加させるという意味では合理的な選

択と言えた。

ところが、オーナーは頭を抱える。

「テイクアウト販売をしてから売り上げは順調に増加しているのだけど、まったく儲けが出ない。テイクアウト販売は初めてなので、儲けが出ない原因が分からない」というのだ。そこで、オーナーは企業会計に詳しい大学の先生に相談してみることにした。

先生が帳簿を調べてみると、確かにテイクアウトの開始で売り上げは増えていた。通常営業の売上高が247万8685円だったのに対して、テイクアウトの売り上げが42万円あり、合計は289万8685円だった。売上高は17％も上乗せされていたのだ。

ところが、月末になると、店舗の家賃を支払うにも手元のお金が足りなくなるという。売り上げが増えているにもかかわらず、儲けが出ていないのだ。

儲けが出ない原因を見つけるために、先生は商品別の売上高割合から調べることにした。

通常営業時の売上高の商品別割合は、前菜が31％、パスタ・リゾットが14％、メインが12％、飲料が43％だった。これに対してテイクアウトでは前菜とメインのみを販売したので、前菜51％、メイン49％という割合だった。テイクアウトには、通常営業時にはある「パスタ・リゾット」と「飲料」が含まれていない。通常営業で最も割合が高いのが「飲料」だった。飲食店全般に言えることだが、このレストランでも「飲料」が売り上げを稼ぐ大きな武器になっていることが分かる。イタリアンを食べながら、ワインやビールを楽しむお客さんが多いというわけだ。特に夜遅い営業時間帯は、お酒を飲むことが主眼で料理はおつまみ程度という客がかなりの割合を占めていた。

第6章 決算書で「実態」が分かる

81

オーナーは「テイクアウト販売は販売単価が通常販売よりも低く、包装や容器などの消耗品もコストが増えて大変なんだ」ともぼやいていた。では、いったい平均の販売単価はどうなっているのか。調べてみると、確かに通常営業時とテイクアウト販売では、販売単価に大きな差があることが分かった。

前菜の単価は通常営業1864円に対して、テイクアウトは600円。メインの単価は通常営業2482円に対してテイクアウトは1700円だった。使用する材料は両方ともほぼ同じなので、販売単価の占める材料費の割合は、テイクアウトが圧倒的に高くなる。

売上高に占める原価の割合（原価率）は通常営業とテイクアウトでは大きな違いがあることも分かった。通常営業時の原価率は36.69％なのに対してテイクアウトは72.14％に達していた。逆に言えば、通常営業の利益（粗利益）率は61.01％なのに対して、テイクアウトは27.86％ということになる。

また、オーナーに聞いたところ、テイクアウトの時間帯には、

■商品別の原価率

通常営業時間

単位（％）	前菜	メイン	パスタ・リゾット	飲料	全体
売　上　高	100.00％	100.00％	100.00％	100.00％	100.00％
材 料 費 等	43.31％	57.31％	33.81％	32.31％	36.69％
儲け（利益）	56.70％	42.70％	66.20％	67.70％	61.01％

テイクアウト販売

単位（％）	前菜	メイン	全体
売　上　高	100.00％	100.00％	100.00％
材 料 費 等	60.00％	85.00％	72.14％
儲け（利益）	40.00％	15.00％	27.86％

出所：編者作成

包装作業などを行うため、時給1100円を払ってアルバイトを働かせていた。調査した月の営業日は23日で1日3時間働いてもらっていたという。包装資材などのコスト以外に人件費も発生していたわけだ。これだけで、追加の人件費だけで75900円増えていたわけだ。これを含めて計算したテイクアウトの利益率は13.56％に下がってしまうのだ。

　商品別に原価率を調べてみると、通常営業時の前菜は43.31％、メインは57.31％と高いものの、パスタ・リゾットは33.81％、飲料は32.31％と低いことが分かった。つまり、パスタ・リゾットや飲料は儲かる商品だったわけだ。ところが、テイクアウト販売ではパスタ・リゾットや飲料がないため、結果的に全体の原価率を押し上げることになった。

　結局、新たに始めたテイクアウト販売では、人件費の増加分も含めて月額で41,100円しか利益が増えていなかったことが分かった。もっともこの利益は、売上高から原価を引いた粗利益から追加の人件費を引いたもので、実際にはお店はこれ以外にも費用がかかる。料理を作るための水道代、ガス代、お店の照明など電気代も必要になる。さらに、お店の不動産を借りている場合、家賃もかかるので、これを差し引いて利益を考える必要がある。そう考えると、テイクアウト販売は実質的には赤字だったということになる。友人からこうした会計分析を聞いたオーナーは、テイクアウト販売を取り止めることにした。時間が空いているとはいえ、テイクアウトのために料理を作る仕事は負担感も強く、過剰労働になりかねない。その労働にまったく見合わないと感じたという。

■テイクアウト販売の儲け

単位（円）	前　菜	メイン	合　計	割　合
売　上　高	216,000円	204,000円	420,000円	100.00%
材　料　費	129,600円	173,400円	303,000円	72.14%
人　件　費			75,900円	18.07%
利　　益			41,100円	13.56%

出所：編者作成

▍ランチ営業を赤字でも行うわけ

　夜はそれなりに料金が高いレストランが、お昼に安い値段でランチ営業しているケースは少なくない。前述のイタリアンレストラン同様、追加で売り上げが増えるという理由でランチ営業しても、実質赤字では無意味なのではないかと思うが、そうとは言えない。

　ランチ時間帯にも従業員が出勤していて、仕込みを行っているような場合、ランチを作ってお客に提供する仕事をさせても、ほとんど追加の人件費がかからない場合もある。事例のように夜の営業とテイクアウトの材料に同じものを使うのではなく、ランチメニューの価格に合わせて材料費を抑えるようにすれば、粗利の段階では一定以上の利益を確保することができる。そうなれば、家賃や光熱費を支払う足しになるわけで、一見、赤字に見えても実は経営にとってプラスになるケースが少なくない。また、仮に赤字になったとしても、気軽な価格でお客に味を知ってもらうことで、夜の営業につなげることもでき、広告宣伝費だと思えば、十分に割に合うという判断もできるわけだ。

　いずれにせよ、単純に売り上げが増えればそれでいい、とい

う話ではない。きちんと会計情報をつかんで、原価率など簡単な計算を行って、どれぐらい儲かっているのか、きちんと知った上で、営業戦略を立てる必要がある。前述のイタリアンレストランのオーナーは、売り上げが増えればプラスに違いないという「感覚」を頼りにテイクアウト販売をやってみたが、材料費や人件費などの原価管理が甘かったということになる。

▎利益とお金の流れは違う

　洋服の製造販売を始めたGさんの会社は、斬新な新商品を次々に発売することで人気を集めていた。新商品の売り上げは好調だった。ところが、売れてお金が入ってきているはずなのに、ジリジリ手元のお金が減って、店舗の家賃を支払うための資金繰りに苦労するようになった。

　Gさんはきちんと帳簿を付けて利益管理をきちんとしている自負があった。新商品を作るための製造原価を、作った数で割って1点当たりの原価を計算。それを上回る販売価格を付けて売っていたので、1点売れるごとに必ず利益が出ているはずだった。また、1点当たりの原価を下げるために、製造する商品の数を増やし、利益率も改善するようにしていた。実際、決算を締めるときちんと黒字になっていて儲かっていたが、それなのに、なぜかお金が足りなくなっていた。

　そこで、知り合いの公認会計士に相談してみることにした。

　会計士は真っ先にGさんに「在庫」について尋ねた。季節外れで売れなくなった商品は工場の片隅に段ボール箱に入れて保管、来年また売ろうと考えていた。新商品をかなり作ったので、積み上げた段ボールもかなりの数になっていた。「これが原因ですね」と会計士は言った。

第6章　決算書で「実態」が分かる

85

Gさんは元手100万円を使って1000枚のシャツを作った。1枚当たり1000円の原価なので、販売価格は2000円にした。1枚当たりの利益は1000円になる設定だ。

　1年で500枚が売れたので売上高は100万円。500枚分の原価は50万円なので、差し引き50万円の利益が出ていた。手元に100万円が入ってきたので、別の新商品を開発、80万円を投じて別のシャツを作った。そこで決算期末を迎えた。

　決算では、売上高は100万円、利益が50万円の黒字だったが、手元には20万円しか残っていない。なぜか。

　貸借対照表を作れば一目瞭然なのだが、100万円の現金は、1000枚シャツを作って支払った段階でゼロになるが、代わりに「商品在庫」が100万円計上される。そのうち500枚が売れて売上金100万円が入ってくると、現金が100万円に増える一方で、商品在庫は50万円に減る。さらに80万円で別のシャツを作った結果、現金は20万円となり、商品在庫は130万円になった。

　つまり、儲かっているように見えて、そのお金がどんどん商品在庫に変わったため、手元に現金がなくなり、在庫が積み上がっていったのだ。つまり、現金が在庫に化けているわけだ。

　分かりやすくするため単純化したが、実際には製品の原価だけでなく、人件費や家賃などさまざまな支出があるから、お金はどんどん出ていく。決算が黒字でもお金が足りないということはしばしば起きる。特にアパレル業界の場合は、商品在庫の管理を怠り、売れない在庫が積み上がると、見た目の決算が黒字でも資金繰りで破綻し、倒産することになりかねない。

　会計の初心者が混乱するのは、会計上の損益と、お金の流れが一致しないことだ。投資をした場合にお金は出ていくが、それが全額経費として処理できるわけではないので、利益が減る

わけではない。在庫を増やすことも「在庫投資」と呼ばれるように、投資の１つなので、お金は出ていくが、損益計算する際の経費になるわけではない。

▌損益計算書の考え方

ここで、企業が作る決算書を見てみよう。企業の決算をテレビニュースや新聞が報道する時、注目されるのが「売上高」と「利益」だ。それを示しているのが「損益計算書（P/L：Profit and Loss Statement）」であり、英語の頭文字を取って「ピーエル」などと呼ばれることもある。製造業や非製造業などで計上する項目などが違うが、収入から費用を差し引いて最終的な利益を計算するという根本的な構造は一緒だ。

皆さんもぜひ、身近な会社の損益計算書を見てほしい。ここでは一例として、イタリアンレストランを展開するサイゼリヤの決算書を取り上げてみよう。

「サイゼリヤの24年８月期、14年ぶり最高益　海外けん引」。2023年10月11日の日本経済新聞電子版は、外食大手サイゼリヤが同日発表した2023年８月期決算を受けて、次期に最高益になるという予想を報じたものだ。

この日発表した連結決算の実績は売上高が前の期に比べて27％増の1832億円、営業利益は17倍の72億円と、新型コロナウイルスのまん延で大きく落ち込んだ業績の回復を示していたが、純利益は51億円と９％減っていた。これが、2024年８月期は大きく改善して、売上高は15％増の2110億円、純利益は82億円と59％増え、2010年８月期に付けた78億円の最高益を14年ぶりに上回るという見通しが報じられた。

いかに儲けるかが重要な企業経営にとって、最終的な利益が

■サイゼリヤの決算短信

2023年8月期 決算短信〔日本基準〕（連結）

2023年10月11日

上場会社名　株式会社 サイゼリヤ　　　　　　　　　　　　　　　　上場取引所　東
コード番号　7581　　URL https://www.saizeriya.co.jp
代表者　　　（役職名）代表取締役社長　　　　（氏名）松谷　秀治
問合せ責任者（役職名）執行役員総務本部長兼財務部長　（氏名）潮田　淳史　　TEL 048-991-9611
定時株主総会開催予定日　　2023年11月28日　　配当支払開始予定日　2023年11月29日
有価証券報告書提出予定日　2023年11月28日
決算補足説明資料作成の有無　：　無
決算説明会開催の有無　：　有　機関投資家・アナリスト向け

(百万円未満切捨て)

1. 2023年8月期の連結業績（2022年9月1日～2023年8月31日）
(1) 連結経営成績
(％表示は対前期増減率)

	売上高		営業利益		経常利益		親会社株主に帰属する当期純利益	
	百万円	％	百万円	％	百万円	％	百万円	％
2023年8月期	183,244	27.0	7,222	1,607.6	7,949	△26.2	5,154	△8.9
2022年8月期	144,275	14.0	422	—	10,774	211.8	5,660	220.6

(注)包括利益　2023年8月期　5,491百万円　（△52.3％）2022年8月期　11,520百万円　（215.8％）

	1株当たり当期純利益	潜在株式調整後1株当たり当期純利益	自己資本当期純利益率	総資産経常利益率	売上高営業利益率
	円銭	円銭	％	％	％
2023年8月期	105.62	105.23	5.4	5.2	3.9
2022年8月期	115.91	115.62	6.4	7.5	0.3

(参考) 持分法投資損益　2023年8月期　—百万円　2022年8月期　—百万円

(2) 連結財政状態

	総資産	純資産	自己資本比率	1株当たり純資産
	百万円	百万円	％	円銭
2023年8月期	155,121	99,031	63.5	2,014.23
2022年8月期	147,930	94,523	63.5	1,920.73

(参考) 自己資本　2023年8月期　98,569百万円　2022年8月期　93,886百万円

(3) 連結キャッシュ・フローの状況

	営業活動によるキャッシュ・フロー	投資活動によるキャッシュ・フロー	財務活動によるキャッシュ・フロー	現金及び現金同等物期末残高
	百万円	百万円	百万円	百万円
2023年8月期	20,799	△5,906	△8,163	67,855
2022年8月期	21,841	△2,456	△16,466	60,275

2. 配当の状況

	年間配当金					配当金総額（合計）	配当性向（連結）	純資産配当率（連結）
	第1四半期末	第2四半期末	第3四半期末	期末	合計			
	円銭	円銭	円銭	円銭	円銭	百万円	％	％
2022年8月期	—	0.00	—	18.00	18.00	891	15.7	1.0
2023年8月期	—	0.00	—	18.00	18.00	892	17.3	0.9
2024年8月期(予想)	—	0.00	—	18.00	18.00		—	

3. 2024年8月期の連結業績予想（2023年9月1日～2024年8月31日）
(％表示は、通期は対前期、四半期は対前年同四半期増減率)

	売上高		営業利益		経常利益		親会社株主に帰属する当期純利益		1株当たり当期純利益
	百万円	％	百万円	％	百万円	％	百万円	％	円銭
第2四半期(累計)	100,900	20.3	6,100	574.2	6,000	443.7	4,200	604.8	85.97
通期	211,000	15.1	13,100	81.4	12,800	61.0	8,200	59.1	168.02

出所：株式会社サイゼリヤ決算短信（2023年8月期）

いくらになったかという情報が最も重視される。その利益を生み出すのは売り上げだから、売上高の増減も注目されるわけだ。そうした売上高や利益の額を示す決算書が「損益計算書」だ。

サイゼリヤの損益計算書は比較的シンプルである。お店で料理などを提供した「売上高」から、料理の原材料費など「売上原価」を引いたものが「売上総利益」一般的に「粗利（あらり）」と呼ばれる。さらにそこからお店で販売に関わる人の人件費や、店舗の経費など「販売費・一般管理費」として計上、それを引いたものが「営業利益」になる。「本業の儲け」と言われる利益である。会社を経営するには、借金の利息などの支払いが必要で、これは「営業外費用」として計上、逆に預金の受取利息などは「営業外収益」として計上する。営業利益に、この営業外の損益を加えたものが「経常利益」で、日本企業ではこの推移が注目されるケースが多い。さらに、一時的な収入や損失など「特別損益」を加え、そこから法人税を差し引いた、最終的な利益を「当期純利益」「最終損益」などと呼ぶ。連結決算ではこの最終損益が注目される。

改めて、サイゼリヤの2023年8月期決算を見てみよう。

売上高は1832億円、これに対して売上原価は727億円で、差し引いた、売上総利益は1104億円となる。売上高に占める原価の割合（減価率）は39.7％ということになる。そこから販売費・一般管理費、しばしば「販管費」と略されるが、1032億円を計上。サイゼリヤのような店舗経営では、店舗運営のための販管費が原価よりも大きいことが分かる。本業の儲けである営業利益は72億円になる。これに営業外損益を加えた経常利益は79億円と、営業利益よりも大きい。この期は支払利息よりも受取利息が大きかった。この期は保有している資産の評価を下げた減

損損失を特別損失に計上、最終的な純利益は51億円にとどまった。

借金は費用だけ

■ではどこに　貸借対照表

　サイゼリヤの決算を見ても分かるように、企業決算では、借金をした場合のお金の出入りは損益計算書には表れない。借金の利息の支払いや、預金金利の受け取りが「営業外損益」として計上されるだけだ。では、借金した場合は、どこにその数字が表れるのか。それが示されるのが「貸借対照表（B/S：Balance Sheet）」である。複式簿記の真骨頂とも言える決算書で、本来、企業経営の実態を見る上では、損益計算書よりも重要性が高い。

　貸借対照表は、文字通り、貸借を左右対称に示した決算書で、右側と左側の数字は必ず一致することから、「バランスシート」とも呼ばれる。左側にその会社が持つ「資産」を計上、右側に「負債」と「資本（純資産）」を計上する。左側を「借方」、右側を「貸方」と呼ぶが、なぜ左側が借方なのかは、中世イタリアからの用語というだけであまり意味はないとされる。中世イタリアで、金貸業の商店からお金を借りた人を左側、商店に貸した人を右に書いたのが語源だとも言われるが真偽は不明である。日本語の意味から考えると逆になって混乱してしまうので、そういうものとしてと割り切って覚えてしまえばいい。

　左側（借方）には、期末段階で企業が持つすべての資産を計

90

上する。現金・預金から始まり、仕入れて在庫になっている商品、保有している土地や建物、機械設備などの店舗、投資として持っている株式などの有価証券、貸付金などに分類して金額を計上する。

これに対して右側（貸方）には、「負債」として、借入金や発行した社債の残額、仕入商品の未払金などを計上する。また、「資本」として、企業がスタートする時に集めた資本金や、その後の営業活動で上げた利益を積み立てた「利益剰余金」などを計上する。ちなみにこの「利益剰余金」は「内部留保」と呼ばれ、企業が将来の利益変動などに備えて蓄えておくものなのだが、最近はこの累計額が巨額になり、批判の対象にもなっている。

■ サイゼリヤの貸借対照表

では、サイゼリヤの貸借対照表を見てみよう。発表資料では、右と左をそれぞれ1ページに分割して表記しているケースがままあるが、それぞれのページがバランスしていることには変わりはない。

左側に相当する「資産」の合計は1551億2100万円ある。右側の負債は560億9000万円と、資本（純資産）は990億3100万円があり、これを合計すると1551億2100万円と、左右が同額になる。

損益計算書で、この決算期1年間の純利益（51億円）は、そこから配当などを支払った後、残額が貸借対照表の「利益剰余金」などとして資本に加算されている。儲けは次の事業の原資として企業内に蓄えられるわけだ。通常、事業活動で利益が出ていれば、資本は年々増えていくことになる。

では、借金など外部から入った資金はどうなるのか。公会計

■サイゼリヤの連結貸借対照表

4．連結財務諸表及び主な注記

（1）連結貸借対照表

（単位：百万円）

	前連結会計年度 （2022年8月31日）	当連結会計年度 （2023年8月31日）
資産の部		
流動資産		
現金及び預金	60,275	67,855
売掛金	1,089	1,508
テナント未収入金	1,493	2,017
商品及び製品	10,093	10,220
原材料及び貯蔵品	1,512	1,305
その他	4,470	4,747
流動資産合計	78,935	87,654
固定資産		
有形固定資産		
建物及び構築物（純額）	25,482	25,227
機械装置及び運搬具（純額）	1,527	1,403
工具，器具及び備品（純額）	4,086	3,827
土地	6,971	6,847
リース資産（純額）	57	47
使用権資産（純額）	13,669	12,826
建設仮勘定	692	484
有形固定資産合計	52,487	50,664
無形固定資産	367	427
投資その他の資産		
投資有価証券	279	279
敷金及び保証金	10,547	10,718
建設協力金	51	29
長期貸付金	30	30
繰延税金資産	5,069	5,182
その他	174	147
貸倒引当金	△12	△12
投資その他の資産合計	16,140	16,374
固定資産合計	68,994	67,466
資産合計	147,930	155,121

出所：株式会社サイゼリヤ決算短信（2023年8月期）

　と違い、外部から入ったお金でも、売上高ではない、出資金や借入金は、「収入」とは扱わない。新たに借金をすれば、負債の部の「借入金」が増え、返済すれば「借入金」が減ることになる。借入金のうち、1年以内（次の決算期中）に返済期限が来るものを「短期借入金」、1年を超えて（決算期を超えて）残るものを「長期借入金」として記載する。

　サイゼリヤの決算書を見ると借入金は125億円で前の期から

株式会社サイゼリヤ(7581) 2023年8月期 決算短信

（単位：百万円）

	前連結会計年度 （2022年8月31日）	当連結会計年度 （2023年8月31日）
負債の部		
流動負債		
買掛金	5,769	8,513
1年内返済予定の長期借入金	—	12,500
リース債務	5,779	6,366
未払法人税等	2,160	1,472
賞与引当金	930	1,541
株主優待引当金	218	207
資産除去債務	286	243
その他	7,696	8,635
流動負債合計	22,840	39,480
固定負債		
長期借入金	12,500	—
株式給付引当金	1,114	1,251
リース債務	9,240	7,649
繰延税金負債	33	4
資産除去債務	7,560	7,601
その他	116	102
固定負債合計	30,566	16,609
負債合計	53,407	56,090
純資産の部		
株主資本		
資本金	8,612	8,612
資本剰余金	10,872	11,201
利益剰余金	73,114	77,377
自己株式	△7,143	△7,388
株主資本合計	85,455	89,802
その他の包括利益累計額		
為替換算調整勘定	8,430	8,767
その他の包括利益累計額合計	8,430	8,767
新株予約権	637	461
純資産合計	94,523	99,031
負債純資産合計	147,930	155,121

増えていないほか、1年以内に返済する「1年内返済予定の長期借入金」に振り替わっており、ほとんど借入金がない。一方で、左側の資産には「現金及び預金」が678億円もあるので、事実上「無借金」の財務状態であることが分かる。損益計算書で、支払利息よりも、受取利息の方が多かったのは、借金よりも現預金の方が多いのを見れば納得できるだろう。

▌ 減価償却

　ところで、お金の流れを重視する公会計と違い、企業会計では実際のお金の流れと、帳簿上の会計数値が一致しないことがしばしばある。実際にお金が支出されているわけではないが、その期の費用として計上しておく必要があると会計ルールで決まっているもので、「引当金」や「評価損」などがそれにあたる。

　会計の初心者は、こうした「概念上の費用」が出てきた瞬間に、難しいと感じることが多いようだ。

　さまざまな費用があるが、一番基本的なものに、「減価償却費」がある。次章で詳しく説明するが、簡単に言うと、長期にわたって使う機械や建物の代金を、買った年の1年で費用とした場合、その機械を使うことと、それによって得る売上高の期間が一致しないことになる。100万円の機械を10年使って、10年で1000万円の売上高を得る計画を立てた場合、機械代金の100万円を1年目だけの費用にすると、1年目は100万円の売上高で利益はゼロ、翌期から100万円の売上高で100万円の利益ということになり、実態が分からない。そこで、毎年機械代の減価償却費として10万円ずつ費用にしていけば、毎年100万円の売上高で90万円の利益が出るように平準化される。実態を把握するためには、実際のお金の流れとは別に損益計算をする必要があるわけだ。

　また、公会計のように、機械を買う時に100万円を支出して、後は何の手当もしなければ、10年後に機械が壊れた時、もう一度新しい機械の予算を計上し、財源を探さなければならない。企業会計の減価償却費は、毎年10万円が費用として計上されるものの、実際にお金が出ていくわけではないので、それを積み

立てておくことができる。10年経てば100万円のお金が貯まる計算になり、次の機械を買い替える原資が出来上がっていることになるわけだ。

　減価償却費は、企業会計で使う「複式簿記」では、とても重要な費用項目として確立しているが、国や地方自治体の決算では基本的に減価償却という概念がないため、数字の違いが大きくなる。そんな例を見ていこう。

第 **7** 章

「減価償却」という考え方

地方自治体の決算と「減価償却費」

　静岡県にある「静岡空港」は2009年6月に静岡県が開港した地方空港だ。「富士山静岡空港」の名称で親しまれ、2019年には民営化されたが、開港から10年は県が直接運営してきた。

　開港した2009年度の決算は、年間収入2億円、経常赤字16億円というもので、182億円の負債を抱えていた。

　ところが、静岡県が赤字の穴埋めとして一般会計から支出したのは4億円余りに過ぎなかった。なぜか。実は16億円という赤字額は「企業会計の考え方を取り入れた収支」として静岡県が独自に試算したもので、そこには「減価償却費」など9億円が含まれていた。

　県や市など地方自治体の決算は、その期の収入（歳入）から支出（歳出）を引いて計算し、最後は借入金などで収支を同額に合わせる仕組みになっている。子どもの頃に付ける小遣い帳や昔の大福帳のような仕組みで、企業の使う複式簿記ではなく、単式簿記の1つと言っていい。実際のお金の流れが記録されるものの、まだ現実に費用として支出されていない将来にわたる費用などは計上されない。その典型が「減価償却費」なのだ。

　前章でも述べたが、減価償却費は例えば、企業が本社ビルなどを建てた場合、その建設費を全額一括で費用として計上するのではなく、そのビルを使う期間に按分して費用計上するルールである。本社ビルは1年間だけ使うわけではなく、長期にわたって使うので、その期間を考えて、毎年少しずつ費用計上していくという考え方だ。その減価償却分を貯蓄しておけば、ビルの建て替えが必要になった時、その資金が手元に残っている

ということにもなる。どの期間で按分するかは、財務上の「耐用年数」が決められていて、その年数で分ける。鉄筋コンクリートの事務所ビルなら50年といった具合だ。建設費の50分の1を毎年、決算の費用として計上していくことになる。

　静岡空港の場合、県の歳出となるのは実際にお金が出ていった空港運営費などが中心で、4億円という歳出には、企業決算では当たり前の減価償却費は含まれていない。だが、それでは、将来、老朽化した空港設備を作り直すための資金手当ができず、一度に巨額の財政支出をしなければならなくなる。あるいは、老朽設備を作り直す予算がなくなってしまうことになる。そこで、静岡空港の場合も減価償却費を計算して県民に情報公開しておこうというのがスタート時に定められた。当時、そうした空港の収支を公開していたのは、秋田空港と富山空港だけで、静岡空港は3番目だった。

　結局静岡空港は民営化される直前の2018年度まで10年にわたって赤字だった。航空会社が支払う空港利用料や旅客による飲食などの収入では、まったく事業採算が取れず、将来建て直すことになった際の資金の蓄積もできない状況のまま民営化された。

▌ お金が出ていかない減価償却費

　減価償却費は経費として計上されるが、実際にはお金が出ていくわけではない。利益とは別に、企業の手元に残るお金だ。企業はその資金で別の投資を行うこともできるし、将来の建て替えに向けて貯蓄をしていくこともできる。それは経営者の判断次第なのだが、減価償却費で浮いた分を、他の経費の支払いなどに回してしまうと、将来、建て替えが必要になった時にお

金がない、ということになる。

　経費として費用計上されているのに、お金が出ていかない、という資金の流れと費用が一致しないところが、会計初心者にはなかなか分かりにくい概念だが、企業が持続的に成長していこうと思えば、極めて大事な決算ルールの１つだと言える。

減価償却とは何か

　ここでもう一度、「減価償却」について詳しく説明しておこう。「減価償却資産」とは、建物、構築物、機械など、使用していくことで毎年度経常的に価値が減少していくと考えられる資産のことを言う。製造業の場合、製品を作るための工場の建屋や排水設備、発電設備、製造する機械やそれを運搬する道具など、いずれも長期にわたって使うことができる「資産」がこれにあたる。一方、「土地」や「立木」といった、毎年度経常的に価値が減少していくことが考えられない資産は除外される。

　「減価償却費」とは、こうした「減価償却資産」を取得した価格（取得原価）を、その「資産が使用できる期間」に応じて、毎年、分割計上していく「費用」を言う。「使用できる期間」は勝手に決めることはできず、財務省などが公表する「法定耐用年数」を使って計算する。減価償却が終わっても実際には使える機械設備もある一方で、法定耐用年数より短い期間で使えなくなったり、使うのを止めて新しいものを購入することもあり、帳簿上の数値と実態とは異なるのが一般的だ。

　また、減価償却はあくまで計算上の問題なので、「費用」ではあるが、実際にお金が社外に出ていくわけではない。ただし、減価償却した分の資金を蓄積していけば、その資産が老朽化して使えなくなった場合などに、新しく機械を買い替えるための

100

「原資」になる。いわば、設備を買い替えるための貯蓄を毎年行っているようなものなのだ。

もっとも、毎年、きちんと決められた額を減価償却費として計上していても、それで償却期間が満了した時に設備更新が問題なくできるというわけではない。貯蓄をしていても、それで十分買い替えができる金額が貯まるとは言えないのだ。それは、減価償却費の計算にいくつかの問題があるためだ。

1つは減価償却をする資産の価値を「取得原価」で考えていることだ。実際に買った値段をベースに一定の年数で分割して費用計上していくわけだが、100％の償却が終わった時に、取得原価と同じ金額で設備更新できることは稀だ。機械など設備の値段は当然上がるし、世の中の物価も上昇していくわけで、減価償却費の累積金額だけでは、同じような性能を持つ機械すら買うことができないのが一般的だし、まして最新鋭の機械に置き換えることはまず不可能だ。

もう1つの問題が償却する「期間」の問題だ。一般的に減価償却は「法定耐用年数」で行う。その際の法定耐用年数は、例えば建物の場合、鉄筋コンクリート造りの社屋の耐用年数は50年、店舗は39年、工場は24年といった具合に事細かく決まっている。また、製造設備は業種ごとに異なっていて、「食料品製造業用設備は10年」といった具合に決まっている。備品類でも例えば金属製の事務机は15年だが、木製の机になると8年と決まっている。法定耐用年数の規程は変わることもあるので、実際に減価償却を行う場合には最新のルールを調べる必要がある。

こうした「法定耐用年数」が、実際の使用期間とかけ離れている場合、減価償却費が実態を表さないことになる。法定耐用年数から導いた減価償却年数が長ければ当然、毎年計上する減

価償却費は少なくなり、償却年数が短ければ計上する費用は大きくなる。例えば、100億円で本社を建て、償却年数が50年というケースで、25年経った段階で本社を建て直すとした場合、投資した金額の半分の50億円しかお金が貯まっていないことになる。新しく本社を立て直す場合の費用が150億円だとすれば、減価償却費の累計額50億円に新たに100億円の投資資金が必要になるわけだ。だが、一方で、25年の間は、毎年計上する減価償却費は実際よりも少なくて済むことになる。

逆に、償却年数が実態よりも短い場合、投資した金額分の積み立てが早期に終わることになる一方で、毎年計上する減価償却費は大きくなる。

儲かっている会社の場合、減価償却費をなるべく前倒して費用化したいと考える。それが経費になり、利益を抑えられるため、税金が少なくなるからだ。1980年代後半のバブル期には儲かった企業がこぞってヘリコプターを購入したが、減価償却期間が新機の場合５年、中古の場合２年だったことから、短期間で費用計上でき、節税効果があるとされた。

ちなみに減価償却費の計上方法にも「定額法」と「定率法」という方法があり、毎年一定額を費用計上する方法と、毎年一定率を費用計上する方法がある。定額法は償却期間の毎年の費用計上額が一定なのに対して、定率法の場合の減価償却費は初期の計上額が大きく、年を経るごとに徐々に減っていくことになる。

▌企業経営と減価償却の重要性

減価償却費の計上については、償却年数や償却方法にさまざまな選択肢がある。必ずしも税金計算に使う税法上の償却期間

だけが使われているわけではないし、償却方法の変更や、償却期間を途中で変えることなども行われている。それはできるだけ実態に合わせて減価償却するという姿勢の表れである場合もある一方で、減価償却費を抑えることで、見た目の決算書を少しでも良くしようと経営者が考える「粉飾決算」スレスレのケースもある。

日本航空は2010年1月、会社更生法を申請して経営破綻した。その後再生して現在に至っているが、経営破綻する以前は「減価償却」の方法や償却年数の変更を繰り返していた。これが利益調整を狙ったものだったのではないか、という疑念を抱かれていた。例えば、1993年3月期、1994年3月期、1998年3月期には航空機の耐用年数の延長を行っていた。「使用実績や経済的使用可能期間等を勘案」したというのが理由だったが、利益をかさ上げするために、減価償却期間を延長して、結果的に費用を先送りしていたと疑われている。

こうした減価償却の考え方は、大企業だけでなく、中小零細企業でも重要だ。例えば、店舗を建ててお店を始めた場合、本来は建設費用の減価償却をできるだけ早く終わらせて、店舗を建て直す資金を貯めておくことを考えるべきなのだが、毎月の営業成績が厳しく、利益がカツカツになると、なるべく減価償却を小さくして、表面上の黒字を維持したいと考えてしまう。

▍減価償却を軽視しがちな個人事業者

店舗が古くなって減価償却が終わり、建て替えなどの新たな設備投資をしなければ、経費が小さくなるので、あまり利益率が高くなくても黒字を維持し、何とか経営を続けていける。商店街の一角で高齢者が営む個人営業の商店などが、店舗がかな

り古くなっても営業しているのは、こうしたケースが多い。新たに店舗を建て替えようにも手元資金がなく、借金をしてまで投資をすることも難しいという状況で、こうした例はいたるところにある。きちんと減価償却費分を見込んで利益を確保し、累積した償却額に見合う資金を貯蓄しておけば、店舗を立て替えるチャンスもあったはずだが、手元に残った資金は生活費に使ってしまうことも多く、再投資資金が残っていないわけだ。つまり、減価償却に対する考えが薄い個人事業主が少なくないのだ。

このように、設備投資に関する場合には「減価償却」は極めて重要な考え方だ。上場企業などの大規模な株式会社はもちろん、中小企業や零細事業者などの事業主体だけでなく、公益法人などの公的機関や地方公共団体、国においても、減価償却の考え方を忘れると、結局、再投資をする資金がなくなり、窮地に陥ることになる。

日本を襲う老朽インフラ問題

▍下水道設備の耐用年数

2025年1月29日、埼玉県八潮市で県道が突然陥没し、走行中のトラックが転落する事故が起きた。道路に空いた穴にトラックが落ちる瞬間の映像がテレビに流れるなど、国民は悲惨な事故を目の当たりにすることになった。老朽化した下水道管が損傷してそこに地中の土砂が流れ込み、大きな空洞が生まれて、一気に地盤が沈み込んだためと見られている。

その後も下水の流入が続いたためだろう。陥没は見る見る間に大きくなって、トラックの運転手を発見するまで長期間を要する事態になった。周辺住民に避難や、下水道の利用制限を呼びかけるなど、大混乱に陥った。下水道のような直接目に触れない場所での設備の老朽化に関心が向くことは稀だ。だが、こうした設備の老朽化に伴う陥没事故は実は頻繁に起きている。

国土交通省の調査を報じた読売新聞の記事によると、こうした下水道管に起因する道路陥没は、2022年度だけでも2607件も発生しているという。大半は深さ50センチ未満の小規模なものだが、1メートルを超える規模の陥没も50件以上発生しているという。

国交省は2010年前後から、下水道設備の老朽化対策を計画的に行う「ストックマネジメント」を掲げている。2017年度末のデータでは47万キロにのぼる全国の地下管路のうち、財務省などが定めた「耐用年数」である50年を経過したとされるものは全体の4％にあたる1.7万キロにのぼる。しかし、50年という耐用年数は会計での経費計算や税金計算に使う「机上の理屈」で、実際に50年間、安全だというわけではない。

実際、議論が始まった初期の2011年の審議会の資料には「下水道の管路施設は、布設後約30年を経過すると道路陥没などの事故を起こす割合が急激に増加することが分かってきている」としていた。前出の2017年時点のデータで、30年を経過した管渠は、15万キロにのぼるとしており、これは全体の32％に相当する。つまり、全国いたるところで老朽化した下水道を原因とした道路陥没事故が急増してくることは、すでに予測されていたことだったのだ。

家庭や工場などから排出される汚水を集める下水道は「公共

■「埼玉の下水道2023」表紙

出所：埼玉県

下水道」と呼ばれ、主として市町村が建設、管理している。下水道を使う住民や事業所から使用料を徴収して汚水処理の経費にあてている。また、複数市町村の公共下水道の下水を集め、まとめて処理する広域的な下水道を「流域下水道」と呼び、こちらは主に都道府県が建設して管理する。八潮市で起きた陥没はこの流域下水道だったと見られている。

　埼玉県がまとめた「埼玉の下水道2023〜安心・安全支える下水道〜」によると、汚水の処理にかかっている経費は公共下水道分だけで年間761億円。このうち使用料で712億円が賄われている。埼玉県のような人口が密集している地域でも、下水道事業は赤字なのだ。つまり、利用料では賄えない分を税金で賄っているわけだ。

　下水道の利用料計算には設備が老朽化していく分を経費計上する「減価償却費」が加えられている。だが、この計算の前提

■下水道処理費

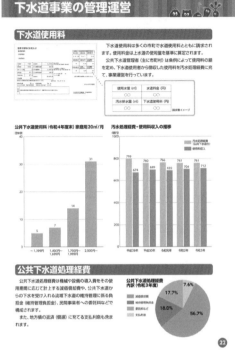

出所:「埼玉の下水道2023」

は法律などで決まった「耐用年数」が基本で、下水道の場合は50年になっている。だが、前述のように実際には50年より前に設備の限界がやってくるケースが多いので、減価償却費を積み立てたもので新しい管路に交換する資金が賄えるわけではない。そうなると都道府県や市町村の財政支出に頼ることになる。

2022年度の埼玉県内の下水道建設事業費は638億円、1998年には1800億円近くが使われてきたが、ここ20年は600億円から800億円で推移している。地域財政が厳しさを増す中で、下水

道の設備投資に潤沢な予算を投じる余裕がどこの自治体もなくなっているわけだ。

インフラの老朽化を懸念する声はこれまでも出ていた。2012年12月2日には山梨県の中央自動車道笹子トンネルで、天井板のコンクリート板が138メートルにわたって落下、走行中の車3台が下敷きになって9人が死亡するいたましい事故が起きた。原因は老朽化だけでなく、施工時からの強度不足や管理不足などが複合的に影響したとされたが、世の中の関心を「インフラ老朽化」に向けさせる大きなきっかけになった。

■ インフラ老朽化問題と、国土強靱化法

2012年12月26日に発足した第2次安倍晋三内閣では「国土強靱化担当大臣」が置かれた。2011年に起きた東日本大震災を教訓に事前防災の観点から国土の強靱化を推進するとされたが、発足直前に起きた笹子トンネル事故を契機に、インフラ老朽化への対策が検討されるようになった。

2013年に成立した国土強靱化基本法（「強くしなやかな国民生活の実現を図るための防災・減災等に資する国土強靱化基本法」）の基本方針では、今後の国の施策として次のような一文が入った。

「人口の減少等に起因する国民の需要の変化、社会資本の老朽化等を踏まえるとともに、財政資金の効率的な使用による当該施策の持続的な実施に配慮して、その重点化を図ること」

つまり、社会資本、社会インフラの老朽化に重点的に取り組むことが明記されたわけだ。これによって公共事業費を予算計上する論拠にはなっているが、新しい道路を作ったり、橋を架けることに目が向きがちで、古いインフラの更新という地味な

■国土強靱化に関する内閣官房のコンテンツ

出所：内閣官房ウェブサイト（2025年2月7日閲覧）

作業にはなかなか資金が回らない。それこそ、耐用年数が迫ってきたり、設備の老朽化で事故が起きるなどの事態に直面しないと、先送りされがちになる。選挙民からは、新しい橋を架けてほしいという要望は出ても、トンネルが古くなったので補修してほしいという要望はなかなか来ない。政治家も同様に、新しいモノを作ることは公約にしても、古い設備を補修しますというのは選挙民には受けない。自治体の首長にしても同じで、老朽インフラ対策が後手に回りかねない事情はこんなところにある。

国土強靭化法制定から10年以上を経て起きた下水道陥没事故は、都市部の人口集積地のインフラでも老朽化が進み、事態が深刻度を増していることを示した。

　「中長期的に見ると、インフラの老朽化対策が最大の課題になってくると思います」と首都圏の政令指定都市の幹部は言う。人口減少が本格化する中で税収も増える見込みが立たず、老朽インフラに投じる資金捻出が難しくなると見ているのだ。

　2022年1月、米ペンシルベニア州ピッツバーグで道路橋が突然崩落する事故が起きた。路線バスなど計6台の車が巻き込まれ、10人が負傷する事故が起きた。橋は1970年に建設されたもので、50年以上が経過、崩落は老朽化が原因だった。

　米国にある橋の4分の1は1960年以前に建設されたものだとされ、補修が必要なものが多い。また、近年の異常気象による急激な温度変化を設計時に想定しておらず、鋼鉄製橋梁の劣化が進んでいるとされる。2050年までに鋼鉄製橋梁の4分の1が崩壊するという研究もある。米国では、インフラの老朽化が深刻な問題になっているのだ。バイデン政権の2021年には1兆ドルに及ぶインフラ投資予算が設けられたが、老朽化した施設の更新は進んでいないのが実情だ。

▌米国でのインフラ崩壊

　そんな、米国のインフラ崩壊が、このままでは日本の都市部でも次々と起きかねない。そんな予兆を下水道陥没事故は示していると言っていいだろう。今後は、新しい設備の建設よりも、これまでに作ったインフラをどう維持していくか、更新していくかが課題になる。人口過疎が急激に進んでいる地方の山間部にあるトンネルや橋梁などの老朽化が限界に来た時、それを更

110

新していく力がこれからの日本にあるのかが問われる。

　下水道事業など、地方自治体が運営しているものでも、大半は「企業体」として、独立採算を目指す建前になっているところが多い。こうした公共企業体では民間と似た決算の考え方が取り入れられているので、「減価償却費」の概念も含まれている。

　前出の「埼玉県の下水道2023」によると2021年度の埼玉県下の公共下水道の処理経費の内訳は、56.7％が減価償却費となっている。半分以上が減価償却費にもかかわらず、下水道施設を更新していく資金としては不十分で、老朽化した設備をなかなか入れ替えられないのだ。減価償却費が設備更新に不十分な理由は、減価償却費を計算する根拠である「耐用年数」が実態からかけ離れて長期に設定されていることだろう。

　瀬戸大橋や東京湾横断道路など巨大プロジェクトが計画される際に、必ず事業収支が建設の根拠として示される。何年で黒字化できるといったものだが、巨大プロジェクトで計画通りに行った試しはほとんどない。利用料金をあまり高くして使いたくても使えないものになっては何のために作るのか分からない。利用料を低く抑えるためには設備の償却期間は長い方がいい。毎年経費にしなくてはならない減価償却費が抑えられるからだ。政治家や官僚など新規投資を優先したい人たちにとっては、毎年の減価償却は小さい方が都合がよいということになる。

　会計は、企業の実態を表すのが役目だが、減価償却費という費用を実態に合わせて処理していくのは至難の業で、なかなか実態を正確に表すのは難しい。それでも事業を継続していくためには、投資して手に入れた設備はタダではないという概念を知っているか知らないかでは、経営のやり方に大きな差が出てくることになる。

第 **8** 章

財務三表とその他の決算書

決算書は、一定期間の収入や損益などの業績、資産や負債といった財務状態を表す書類だ。国内で事業を行う法人は、法人税法第74条に基づいて、会社の規模にかかわらず決算書を作成して、各事業年度終了の日の翌日から２カ月以内に、確定申告書とともに決算書を税務署に提出する義務がある。不備や虚偽のない決算を株主総会で承認して「確定」させた決算に基づいて確定申告する必要がある。また、株式上場企業の場合、決算期末から３カ月以内に株主総会を開いて決算を確定させ、「有価証券報告書」を金融庁に提出する必要がある。これによって、株主だけでなく、取引先、融資先の金融機関といったステークホルダーに対して、決算期の経営成績や財政状態を報告するわけだ。財務三表など基本的な決算書の構成が分っている人はこの章は読み飛ばして構わない。

損益計算書

　ひと口に決算書と言ってもいろいろな書類がある。その中でも最も重要なものとして「損益計算書」「貸借対照表」「キャッシュ・フロー計算書」があり、これを「財務三表」と呼ぶ。そのほかにも「株主資本等変動計算書」や「個別注記表」といった書類があるが、中でも「財務三表」は特に重視される。

　損益計算書は「P/L（Profit and Loss Statement）」とも呼ばれ、その事業年度の間にどれぐらいの利益を生み出したかを知るために作られる。事業年度内に得られた収益（「売上高」や「事業収益」などと呼ぶ）から費用を差し引き、事業年度の「利益」や「損失」を導き出す。

114

■スズキの連結損益計算書

②【連結損益計算書及び連結包括利益計算書】

【連結損益計算書】

(単位：百万円)

	前連結会計年度 (自 2022年4月1日 至 2023年3月31日)		当連結会計年度 (自 2023年4月1日 至 2024年3月31日)	
売上高	※1	4,641,644	※1	5,374,255
売上原価		3,491,713		3,959,818
売上総利益		1,149,930		1,414,437
販売費及び一般管理費	※2.※3	799,379	※2.※3	948,874
営業利益		350,551		465,563
営業外収益				
受取利息		37,908		26,606
受取配当金		4,706		5,365
持分法による投資利益		11,607		12,229
その他		12,296		13,909
営業外収益合計		66,518		58,111
営業外費用				
支払利息		6,741		10,057
為替差損		16,922		9,129
生産準備変更関連費用		－		5,376
その他		10,599		10,586
営業外費用合計		34,263		35,149
経常利益		382,807		488,525
特別利益				
固定資産売却益	※4	1,654	※4	2,047
投資有価証券売却益		40		1,439
特別利益合計		1,695		3,486
特別損失				
固定資産売却損	※5	911	※5	1,498
減損損失	※6	2,554	※6	1,236
特別損失合計		3,465		2,734
税金等調整前当期純利益		381,036		489,276
法人税、住民税及び事業税		95,198		151,112
法人税等調整額		11,560		△6,063
法人税等合計		106,758		145,049
当期純利益		274,278		344,227
非支配株主に帰属する当期純利益		53,170		76,509
親会社株主に帰属する当期純利益		221,107		267,717

出所：スズキ株式会社有価証券報告書（2024年3月期）

　損益計算書の基本的な構造は、第6章でも触れたが、もう1度みてみよう。売上高から売上原価、例えば機械製造業ならば、工場で機械を生産するための原材料費や工場従業員の人件費などを差し引いたものを「売上総利益」あるいは「粗利（あら利）」という。そこから、機械を販売するための経費や人件費、本社の管理部門の経費など「販売費及び一般管理費」を差し引

き「営業利益」を求める。営業利益は本業の儲けを示す利益、営業活動で得た利益だ。ここまでを「営業損益の部」と呼ぶ。

さらに、そこから直接本業に関わらない預金の受取利息や保有株式の受取配当金、雑収入など「営業外収益」を加え、借入金にかかる支払利息や、為替差損、雑損失など「営業外費用」を差し引いたものを「経常利益」と呼ぶ。その企業の通常の活動で得た利益という意味だ。売上高からここまでを「経常損益の部」と呼ぶ。

さらに、企業活動では本業以外の突発的な損益がその期にだけ発生することがある。例えば固定資産の売却による収入などを「特別利益」として加算し、災害などによって生じた損失などを「特別損失」として減算する。この部分を「特別損益の部」と呼び、経常利益から特別損益を差し引いたものが、「税引き前当期利益」になる。

そこから「法人税、住民税及び事業税」など税金を差し引いたものが当該事業年度の最終的な利益となり、「当期利益」「最終利益」「純利益」などと呼ぶ。利益ではなく損失が出た場合は、「当期損失」「最終損失」「最終赤字」「純損失」などと呼ばれる。

▌なぜ儲かったか、なぜ赤字になったかが分かる

この損益計算書を詳細に見ることで、その決算期になぜその企業が儲かったのか、あるいは儲からずに赤字になったのか、原因を考えることができる。本業の儲けである営業利益を増やすために、企業は「原価低減」に取り組む。原材料を少しでも安いところから仕入れたり、製造に関わる従業員の数を絞り込むことで売上原価を圧縮する。また、同じ人数が同じ時間により多くの製品を作ることができれば、その分、原価を下げるこ

とができる。また、生産に伴って生じる製品ロスを減らせば、同様に製品原価が下がる。日本の製造業は工場などの現場でこうした原価低減を行い生産性を向上させてきた。

さらに、本業の利益を高めるには、「販売費及び一般管理費」を圧縮していく努力をする企業が多い。販売費及び一般管理費は略して「販管費」と呼ばれ、販管費の削減は「合理化」の大きな手法になっている。特に、企業の売上高が伸びていない時に利益を維持しようとする場合、例えば出張旅費を節約したり、接待経費を圧縮したりして、この販管費を減らし、利益を確保することが多い。

もちろん、本業の儲けを増やすには、売上高を増やすことが重要で、営業担当者が使う経費を圧縮すれば、売上高の伸びが鈍るといったことも起きかねない。そのため経費を削ること一辺倒では必ずしも利益が増えないということになる。ここが経営の難しいところでもあり、面白いところでもあるだろう。

▌損益分岐点

原価や販管費には、売上高に比例して増える費用と、売上高の増減には関係のない費用の2つがある。前者を「変動費」、後者を「固定費」と呼ぶ。典型的には毎月支払う給与など人件費は「固定費」で、販売数量に比例して使用する量が変わる原材料費は「変動費」と言える。この固定費と変動費の合計と売上高が一致する点を「損益分岐点」という。この損益分岐点を売上高が下回ると赤字になるわけだ。

損益分岐点に関する計算式は次のようになる。

・損益分岐点比率＝損益分岐点売上高÷売上高×100

・損益分岐点売上高＝固定費÷限界利益率

・限界利益率＝限界利益÷売上高×100

・限界利益＝売上高－変動費

　企業は黒字を維持するために、この損益分岐点を低く抑えようと考える。損益分岐点売上高を低くするには、固定費を抑えることが必要で、企業は常に「固定費圧縮」を掲げる。業績が悪化した企業が余剰人員を削減するのは、固定費を下げることが目的だ。

　この損益分岐点分析を使って、売上高の目標を立てれば、利益の額の見込みが出せる。営業担当者を新たに採用して売り上げを増やせば利益が増えると考えがちだが、当然、その分人件費、つまり固定費が増えるので、売上高の増え方によってはむしろ利益が減ることもあり得る。つまり、固定費増分を吸収するにはどれぐらい売上高を増やさなければいけないか、といったシミュレーションもできるわけだ。損益分岐点の考え方はさまざまな業種の損益計算書のデータで応用できるので、ぜひマスターして事業計画作りに役立ててほしい。

貸借対照表

　次に財務三表の中でも重要な「貸借対照表」についてもう1度詳しく説明しよう。

　貸借対照表は「B/S（Balance Sheet ＝バランスシート）」と呼ばれ、期末時点の資産と負債、純資産を表す。決算期末の残高を見える化することで、会社の財務内容や状況が把握できる。損益計算書は、売上高を過剰に計上したり経費を少なく計上す

れば数字を動かすことが比較的簡単にできるが、貸借対照表の数字をごまかすのはなかなか難しい。損益をごまかす「粉飾決算」をした場合、貸借対照表に不自然な部分が生じるケースが少なくない。

貸借対照表は、右側（「貸方」と呼ぶ）に資金の調達方法、左側（「借方」と呼ぶ）にその資金によって得た財産が示される。右側は銀行からの借入金などの「負債」と、株主から集めた資本金や企業活動から生まれた「利益剰余金」など「純資産」から成る。一方、左側は現金預金や商品、工場などの固定資産といった「資産」が計上される。左側の「資産合計」と右側の「負債・純資産合計」は同じ金額になるので、両方の金額が均衡状態を保つ形になることから、「バランスシート」と呼ばれる。

▌自己資本比率

貸借対照表の右側の「資本」は、銀行借入などと違って返済の義務はない。このため「自己資本」とも呼ばれる。もっとも、この自己資本は経営者のものではなく、株主のものだという発想から、「株主資本」と呼ぶ方がふさわしいという意見もある。欧米の決算書では「Shareholder's Equity：株主資本」がもっぱら使われる。

その返済義務がない資本が資産合計、つまりバランスシートの大きさの何割を占めるかを示す指標が「自己資本比率」「株主資本比率」だ。この自己資本比率が高いほど財務面が安定していると言える。自己資本比率は「純資産合計÷資産合計（負債・純資産合計）×100」で求められる。

ただ一方で、自己資本比率が高くなると、同じ利益を上げていてもROE（Return on Equity：自己資本利益率、株主資本

利益率）が低くなってしまいかねず、アクティビスト（モノ言う株主）などから資本効率が悪いと指弾されることになりかねない。ある程度、負債を増やして、レバレッジをかけ、資本の利益率を高めることも必要だという考え方もある。

銀行借入には金利がかかるので、その金利以上の利益を上げなければ意味がない。一方で返済義務のない資本は、一見、配当だけを払っていれば済む低コストの資金のように見えるが、最近ではきちんと「資本コスト」を計算して、それ以上の利益を上げていないと経営者として失格だと見なされるようになりつつある。

一方、短期的な支払い能力を見る指標もある。「流動比率」と呼ばれるもので、1年以内に現金化できる資産が、1年以内に返済が必要な負債をどれぐらい上回っているかで、短期的な支払い能力を判断する。流動比率は「流動資産÷流動負債×100」で算出することができ、一般的に120％から150％以上であれば優良だと見られている。

▌内部留保を溜め込む日本企業

自己資本を構成するものに、資本金と資本剰余金、利益剰余金がある。資本金は会社を設立した際に出資者が払い込んだ資金がベースで、その後、増資などで資本を増やす際に、資本金や資本剰余金が積み増されていく。一方、利益剰余金は、企業活動で得た最終利益から配当などを引いた残りを積み立てていくもので、「内部留保」とも呼ばれる。

2024年9月2日に財務省が発表した2023年度の法人企業統計によると、法人の利益剰余金、いわゆる「内部留保」は8.3％増えた。内部留保の累計額は600兆円9857億円と、年度ベース

■利益剰余金（内部留保）の推移

出所：財務省「法人企業統計」から作成

で初めて600兆円の大台に乗せた。内部留保はこれより11年前の2012年度に300兆円を突破、以後、毎年増え続けてきた。2016年度に400兆円、2021年度に500兆円を超え、それからわずか2年で100兆円も増えたのである。企業経営者の多くは「いざと言う時に備えて手元を厚くしておきたい」と内部留保を増やす理由を語る。だが、新型コロナウイルスのまん延で経済活動が凍りついた「非常時」とも言えた2019年度も2020年度も内

部留保は減らなかった。2019年度の当期利益は27.5％減った一方、内部留保は2.6％増加、2020年度は当期利益14.1％減にもかかわらず、内部留保は2.0％増えた。

内部留保が大きく増えている背景には、もちろん、企業決算の好調さがある。2023年度の場合、全産業（金融業・保険業を除く）の売上高は前の年度に比べて3.5％多い1633兆3314億円、経常利益は12.1％増の106兆7694億円、当期利益は8.1％増の80兆4506億円と、いずれも過去最高を更新した。製造業、非製造業ともに利益を大きく伸ばしている。

問題は、その「儲け」がどこへ行ったのか、だ。企業が生み出した「付加価値」の総額は7％増の340兆2545億円で、このうち人件費が221兆6634億円を占める。付加価値総額が7％増えているにもかかわらず、人件費の増加は3.4％増にとどまった。2021年度の5.7％増、2022年度の3.8％増を伸び率で下回っている。岸田文雄首相（当時。2021年10月から2024年10月在任）が繰り返し「物価上昇を上回る賃上げ」を求め、大企業を中心に高い賃上げ率が達成されたとしてきたものの、中小企業まで含めた法人全体で見ると、伸び率は鈍化傾向にある。

▌低下を続ける労働分配率

付加価値をどれだけ人件費に回したかを示す「労働分配率」は、65.1％と、2020年度の71.5％をピークに、2021年度68.9％、2022年度67.5％、そして65.1％と大幅に低下を続けている。直近で最も低かったのは2017年度の66.2％で、それを大幅に下回る過去最低水準となった。儲かってもなかなか、給与アップにはつながっていないことを示している。

では誰が好業績の恩恵を受けているのか。1つは「政府」だ。

122

企業業績の好調で法人税収が増えたほか、物価上昇も消費税収の増加となって政府の懐を潤わせる。付加価値の中で、「租税公課」は前の年度の6.1％増を上回る10.5％増を記録した。

次に「投資家」である。配当の伸び率は9.7％増と、前の年度の9.1％増を上回った。株価の上昇や新NISAの広がりもあって、国民の投資への関心が高まり、企業も積極的に増配するなど株主還元に動いた。配当は直接株式を保有している人だけでなく、年金加入者などに広く国民に恩恵を与えるが、株式をたくさん保有する富裕層への恩恵が大きくなっているのは間違いない。ちなみに、純利益のうちのどれだけの割合を配当に回したかを示す「配当性向」は44.4％。2022年度の43.8％から上昇した。

もともと、日本企業は、配当も欧米企業に比べて少なかったが、ここ数年はアクティビスト（モノ言う株主）の登場などで、増配など株主還元を受け入れる企業が増えてきた。儲けが増えれば配当で株主に報いるというのが当たり前になりつつある。

一方で、労働組合の弱体化もあり、儲けを給与増に回せという主張は企業経営者になかなか届かないし、受け入れられていないように見える。租税公課も配当も、内部留保も、人件費を大きく上回る伸び率となった。従業員への待遇改善よりも、内部留保や配当、税金支払いが優先されていると見ることもできる。

また、内部留保が2014年度以降増えている大きな要因は、法人税率を引き下げたことがきっかけだった。当時、財務大臣だった麻生太郎氏は、減税しても企業の内部留保に回って労働分配率が下がり続けるのでは意味がないと苦言を呈していたが、その後も状況は変わっていない。

キャッシュ・フロー計算書

　「キャッシュ・フロー計算書（C/F：Cash Flow Statement）」
は、当該事業年度における現金の流れを示す財務諸表の１つで、
財務三表の１つに数えられる重要なものだ。表面上の利益とお
金の流れは必ずしも一致しない。特に時価会計の導入などで評
価損益が損益計算書に影響するようになって、実際にキャッシ

■イオンの連結キャッシュ・フロー計算書

④【連結キャッシュ・フロー計算書】

（単位：百万円）

	前連結会計年度 （自 2022年3月1日 至 2023年2月28日）	当連結会計年度 （自 2023年3月1日 至 2024年2月29日）
営業活動によるキャッシュ・フロー		
税金等調整前当期純利益	168,347	181,470
減価償却費	321,084	328,435
のれん償却額	16,188	16,498
貸倒引当金の増減額（△は減少）	△5,974	△11,296
利息返還損失引当金の増減額（△は減少）	△1,760	△2,377
賞与引当金の増減額（△は減少）	871	8,446
退職給付に係る負債の増減額（△は減少）	1	897
退職給付に係る資産の増減額（△は増加）	△6,621	△7,127
受取利息及び受取配当金	△8,394	△10,031
支払利息	35,750	39,066
為替差損益（△は益）	4,393	3,277
持分法による投資損益（△は益）	△5,836	△5,350
固定資産売却益	△11,375	△7,645
固定資産売除却損	4,255	6,780
減損損失	51,269	45,848
有価証券及び投資有価証券売却損益（△は益）	△413	△4,264
関係会社株式売却損益（△は益）	△24,068	—
段階取得に係る差損益（△は益）	△3,290	△5,102
売上債権の増減額（△は増加）	△183,521	△58,146
棚卸資産の増減額（△は増加）	△24,236	△15,221
営業貸付金の増減額（△は増加）	△35,505	△26,917
銀行業における貸出金の増減額（△は増加）	△55,505	△200,776
仕入債務の増減額（△は減少）	39,701	14,943
銀行業における預金の増減額（△は減少）	218,758	141,028
その他の資産・負債の増減額	19,262	20,577
その他	18,915	25,862
小計	532,297	478,875
利息及び配当金の受取額	10,776	13,137
利息の支払額	△35,382	△38,770
法人税等の支払額	△73,982	△84,754
営業活動によるキャッシュ・フロー	433,710	368,487

ュが入ってきているのかどうかを見ることが一段と重要になった。

　キャッシュ・フロー計算書は、「営業キャッシュ・フロー」「投資キャッシュ・フロー」「財務キャッシュ・フロー」の3つの区分で表示される。キャッシュ・フローの3つの区分のうち、

（単位：百万円）

	前連結会計年度 （自 2022年3月1日 至 2023年2月28日）	当連結会計年度 （自 2023年3月1日 至 2024年2月29日）
投資活動によるキャッシュ・フロー		
有価証券の取得による支出	△22,215	△22,579
有価証券の売却及び償還による収入	41,203	23,480
銀行業における有価証券の取得による支出	△612,512	△590,409
銀行業における有価証券の売却及び償還による収入	638,649	461,157
固定資産の取得による支出	△370,848	△396,236
固定資産の売却による収入	28,864	28,735
投資有価証券の取得による支出	△6,761	△18,180
投資有価証券の売却による収入	5,974	11,915
連結の範囲の変更を伴う子会社株式の取得による支出	※2　△11,966	※2　△4,531
差入保証金の差入による支出	△12,730	△12,605
差入保証金の回収による収入	19,253	15,526
預り保証金の受入による収入	22,295	23,481
預り保証金の返還による支出	△22,774	△21,355
その他	△31,556	△7,275
投資活動によるキャッシュ・フロー	△335,123	△508,876
財務活動によるキャッシュ・フロー		
短期借入金及びコマーシャル・ペーパーの増減額（△は減少）	4,267	71,283
長期借入れによる収入	454,880	415,046
長期借入金の返済による支出	△354,678	△365,778
社債の発行による収入	149,159	196,087
社債の償還による支出	△146,040	△156,802
自己株式の取得による支出	△17	△14
非支配株主からの払込みによる収入	6,101	1,986
非支配株主への払戻による支出	△3,380	△18,841
リース債務の返済による支出	△67,211	△72,965
配当金の支払額	△30,728	△30,854
非支配株主への配当金の支払額	△24,276	△26,532
連結の範囲の変更を伴わない子会社株式の売却による収入	12,119	2,745
連結の範囲の変更を伴わない子会社株式の取得による支出	△1,397	△26,564
その他	3,056	△4,661
財務活動によるキャッシュ・フロー	1,853	△15,867
現金及び現金同等物に係る換算差額	11,077	5,888
現金及び現金同等物の増減額（△は減少）	111,516	△150,368
現金及び現金同等物の期首残高	1,090,923	1,214,462
株式交換に伴う現金及び現金同等物の増加額	※3　12,022	―
現金及び現金同等物の期末残高	※1　1,214,462	※1　1,064,093

出所：イオン株式会社有価証券報告書（2024年2月期）

営業キャッシュ・フローは、本業の営業活動による手元の現金の増減を表す。その企業の業績が好調かどうかを見る上で、最も重要なキャッシュ・フローだ。

次に、投資キャッシュ・フローは、設備投資や資産運用など、投資活動による現金の増減を表す。土地や建物など固定資産の購入や売却による現金の増減、株式や債券など有価証券の取得や売却による増減、他社に資金を貸し付けたり、そうした貸付金を回収したものもここに含まれる。

この営業キャッシュ・フローと投資キャッシュ・フローの合計を「フリーキャッシュ・フロー」と呼ぶ。企業が自由に使うことができる現金のことで、「FCF」と略される。フリーキャッシュ・フローが黒字になると、企業はこれを事業拡大や新規事業の創出、借入金の返済、株主への分配などに「自由（フリー）に」使うことができる。企業の稼ぐ力を見る上で、このフリーキャッシュ・フローが注目される。

3つ目の財務キャッシュ・フローは、金融機関からの資金調達や返済など、営業活動や投資活動を維持するための現金の増減を表す。長期・短期の借り入れによる現金の増加（収入）や、返済による現金の減少（支出）、社債発行による現金増、社債の償還による現金流出などがここに現れる。さらに、自己株式の売買によるキャッシュの増減、株式発行による収入、配当金の支払いによる現金流出なども示される。

財務キャッシュ・フローがプラスの場合は、外部から資金を調達していることを示し、マイナスの場合は返済などによって現金が減少していることを示す。借入金をまとめて返済した場合などは財務キャッシュ・フローがマイナスになるが、決して悪いことではない。財務キャッシュ・フローを分析することで、

企業の資金繰りの状況や経営上の課題・問題点を把握し、経営改善につなげることができる。

　以上のように、貸借対照表はある時点の資産、負債および純資産を表すだけなので、現金の増減の原因までは反映されない。また、損益計算書は、収益や費用の内容を示すものの、収益や費用が発生した時点で計上するため、実際に現金の出入りを示すものではない。貸借対照表と損益計算書だけでは、手元の現金の流れや増減の原因が分からないわけだ。一方、現金ベースでお金の流れを管理するキャッシュ・フロー計算書からは、貸借対照表や損益計算書からは読み取れない現金の流れや増減の原因が分かる。

　キャッシュ・フロー計算書は、現金やそれと同等のものである「現金及び現金同等物」の期首残高に、上記の３つのキャッシュ・フローを加え、期末の残高を示す。つまり、１年間の企業活動を通じて、どれぐらい、「現金及び現金同等物」が増えたのか、減ったのかを見ることができ、その企業が実際のキャッシュを稼ぐ力がどれぐらいあるかを知ることができる。

▌増収増益でも現金が減少することも

　例えば、スーパーマーケットなどを運営するイオン株式会社の2024年２月期決算の連結損益計算書を見ると、営業収益（売上高）は９兆5535億円と前の期に比べて4.8％増加、当期純利益は446億円と前の期の213億円から２倍以上に膨らみ、増収増益だった。ところが、連結キャッシュ・フロー計算書を見ると、営業キャッシュ・フローが3684億円と前の期の4337億円から15％減少、投資キャッシュ・フローのマイナスも3351億円から5088億円に拡大したことから、期末の「現金及び現金同等物」

の残高は、1兆640億円と前の期末に比べて1500億円余り減少している。

　会社はこの減少について、「銀行業における貸出金の増減額が1452億70百万円増加、銀行業における預金の増減額が777億30百万円減少した一方で、売上債権の増減額が1253億74百万円減少したこと等によるもの」と説明している。

第 **9** 章

企業の決算書を手に入れる

決算書はいつ出てくるか

　企業の決算書の話をしてきたが、いつ、どのタイミングで決算書が手に入るのかを知っておく必要がある。企業の決算数値が明らかになって、業績が予想よりも上回ると、上場企業なら、株価が大きく上がるなど、市場が反応する。逆に予想外の損失計上などがあれば、決算発表を受けて株価が暴落することもある。新聞なども大手企業の決算数値を報じるが、すべての企業を決算記事で詳しく報じるわけではない。企業の決算書はどうやったら手に入るのかを知っておくことは重要だ。

　まず、企業には決算期がある。日本企業の多くが４月１日に始まって、３月末に終わる決算期を使っている。決算を締めるのが３月末の会社を「３月期決算会社」と呼ぶ。小売業や飲食業などサービス業には２月に決算を占める「２月期決算会社」が多い。また、外資系企業などは12月期決算が多いのも特徴だ。ここでは３月期決算会社を例に決算発表などの流れを説明しよう。

▌期末から１～２ヵ月で決算発表

　３月末に決算が締まると、早い企業で４月、遅くとも５月に決算発表を行う。前の年の４月から３月末までの決算数字をまとめたものだ。

　ここで気をつけなければいけないのは、「2026年３月期」といった場合、2025年４月１日に始まり2026年３月31日に締める決算を指す。ややこしいのは、日本には「年度」という呼び方もあり、この場合、始まった時を名称にするので、2026年３月

期は2025年度ということになる。

　年度は一般的に４月から始まるのを前提としているため、３月期決算の場合は年度と併用して呼んでいる会社もあるが、２月期決算会社などの場合、年度が一般的な概念とズレてしまうので混乱が生じる。会計の場合、「XXXX年X月期」という呼称を使うことになっている。この方が間違いが少ないからだ。

　３月期決算の場合、４月から５月にかけて決算発表を行うが、上場企業などの場合、上場している取引所の記者クラブで決算発表を行って、決算書を配布する。この時配られるものが「決算短信」と呼ばれるものだ。決算短信は長年にわたって開示項目が充実されてきたもので、決算内容がコンパクトにまとめられている。

　サマリーをまとめた表紙に、貸借対照表と損益計算書、キャッシュ・フロー計算書などが添付され、事業概況などの説明書きが付いている。これを一読するだけで、その会社の１年間の業績がおおむね理解できるように作られている。会社によっては、参考として補足資料などを別に作って配っているところもある。

決算短信で分かること

　企業が決算発表の際に公表する「決算短信」は決算内容をコンパクトにまとめたものだ。ここでは、自動車などの製造を行うスズキが2024年５月13日に発表した2024年３月期の決算短信を例に説明しよう。最上段にある決算短信の表題の後ろに〔日本基準〕と書かれているが、これはこの会社が使用している会

■スズキの決算短信（連結業績、配当の状況）

2024年3月期　決算短信〔日本基準〕（連結）

2024年5月13日

上 場 会 社 名	スズキ株式会社	上場取引所	東
コ ー ド 番 号	7269	URL https://www.suzuki.co.jp	
代　表　者	（役職名）代表取締役社長	（氏名）鈴木　俊宏	
問合せ先責任者	（役職名）常務役員　財務本部長	（氏名）河村　了	(TEL) 053-440-2032

定時株主総会開催予定日　2024年6月27日　　配当支払開始予定日　2024年6月28日
有価証券報告書提出予定日　2024年6月27日
決算補足説明資料作成の有無　：　有
決算説明会開催の有無　：　有

（百万円未満切捨て）

1．2024年3月期の連結業績（2023年4月1日～2024年3月31日）

（1）連結経営成績　　　　　　　　　　　　　　　　　　　　　（％表示は対前期増減率）

	売上高		営業利益		経常利益		親会社株主に帰属する当期純利益	
	百万円	％	百万円	％	百万円	％	百万円	％
2024年3月期	5,374,255	15.8	465,563	32.8	488,525	27.6	267,717	21.1
2023年3月期	4,641,644	30.1	350,551	83.1	382,807	45.6	221,107	37.9

（注）包括利益　2024年3月期　722,062百万円（133.0％）　2023年3月期　309,945百万円（7.2％）

	1株当たり当期純利益	潜在株式調整後1株当たり当期純利益	自己資本当期純利益率	総資産経常利益率	売上高営業利益率
	円　銭	円　銭	％	％	％
2024年3月期	138.40	138.39	11.7	9.8	8.7
2023年3月期	113.80	113.80	11.2	8.8	7.6

（参考）持分法投資損益　2024年3月期　12,229百万円　2023年3月期　11,607百万円

（注）当社は、2024年4月1日付で普通株式1株につき4株の割合で株式分割を行っています。前連結会計年度の期首に当該株式分割が行われたと仮定して、1株当たり当期純利益および潜在株式調整後1株当たり当期純利益を算定しています。

（2）連結財政状態

	総資産	純資産	自己資本比率	1株当たり純資産
	百万円	百万円	％	円　銭
2024年3月期	5,385,618	3,138,397	46.3	1,291.25
2023年3月期	4,577,713	2,508,620	45.4	1,068.87

（参考）自己資本　2024年3月期　2,491,013百万円　2023年3月期　2,078,017百万円

（注）当社は、2024年4月1日付で普通株式1株につき4株の割合で株式分割を行っています。前連結会計年度の期首に当該株式分割が行われたと仮定して、1株当たり純資産を算定しています。

（3）連結キャッシュ・フローの状況

	営業活動によるキャッシュ・フロー	投資活動によるキャッシュ・フロー	財務活動によるキャッシュ・フロー	現金及び現金同等物期末残高
	百万円	百万円	百万円	百万円
2024年3月期	446,045	△433,855	△81,225	853,637
2023年3月期	286,626	△302,674	31,568	882,146

2．配当の状況

	年間配当金					配当金総額（合計）	配当性向（連結）	純資産配当率（連結）
	第1四半期末	第2四半期末	第3四半期末	期末	合計			
	円　銭	円　銭	円　銭	円　銭	円　銭	百万円	％	％
2023年3月期	－	50.00	－	50.00	100.00	48,592	22.0	2.5
2024年3月期	－	55.00	－	67.00	122.00	58,850	22.0	2.6
2025年3月期（予想）	－	18.00	－	18.00	36.00		22.4	

（注）当社は、2024年4月1日付で普通株式1株につき4株の割合で株式分割を行っています。2023年3月期及び2024年3月期については、当該株式分割前の実際の配当金の額を記載しています。2025年3月期（予想）については、株式分割後の内容を記載しています。

出所：スズキ株式会社決算短信（2024年3月期）

計基準を示している。後の章で説明するが、日本では「日本基準」「米国基準」「IFRS」「JMIS」の４つの基準のいずれかを使用することが認められている。スズキの場合は日本基準で、日本企業の多くが日本基準を使っている。「米国基準」を使っている会社は早期に海外展開をした企業に多く、米国証券取引所に上場している会社が中心で、キヤノンなどがこれにあたる。最近増えているのが国際会計基準であるIFRS（International Financial Reporting Standards：国際財務報告基準）を採用する企業だ。JMISは日本が考える「あるべきIFRS」を示した基準だが、これを使用している企業はない。

　その後ろにある（連結）は、この決算短信が連結決算であることを示している。稀に本体１社しかない企業は連結決算を行っていないため、決算短信には（単独）と書かれている。

　表紙にはその決算期の概要がまとめられている。

　スズキの2024年３月期の決算短信のはじめには「１．2024年３月期の連結業績」として、「（１）連結経営成績」と書かれ、表にまとめられている。

　表には「売上高」「営業利益」「経常利益」「親会社株主に帰属する当期純利益」が並んでいる。売上高は「5,374,225百万円　15.8％」と書かれ、前の期（2023年３月期）の「4,641,644百万円」に比べて15.8％の大幅増収であったことが示されている。マイナスの場合には数字のアタマに△印を付ける。

　２段目には、「１株当たり当期純利益」「潜在株式調整後１株当たり当期純利益」「自己資本当期純利益率」「総資産経常利益率」「売上高営業利益率」といった収益を測る経営指標が並ぶ。

　次いで、「（２）連結財政状態」では、「総資産」「純資産」「自己資本比率」「１株当たり純資産」という貸借対照表の主要項

第9章　企業の決算書を手に入れる

目と財政状態を測る経営指標が書かれている。

　連結業績の（3）は「連結キャッシュ・フローの状況」として、「営業活動によるキャッシュ・フロー」「投資活動によるキャッシュ・フロー」「財務活動によるキャッシュ・フロー」「現金及び現金同等物期末残高」が書かれている。キャッシュ・フロー計算書の概要が示されているわけだ。

　その次にある「2．配当の状況」には1株当たりの配当金額が示されている。「第2四半期末」に50.00とあるのは中間配当として1株50円が払われたことを示し、期末にも50円払われる予定であることを示している。合計は100.00と年間配当は100円で、「配当金総額」が示され、当期純利益のうち何％が配当に回されたかを示す「配当性向（連結）」が書かれている。2025年3月期の予想配当金も示されている。さらにその次には連結業績の予想が書かれている。

▍投資家は「予想」に注目する

　実は、この「配当予想」「業績予想」が投資家にとっては極めて重要な情報なのだ。「株価は半年後を映す」と言われるように、投資家はその企業の将来を見据えて株式投資を行う。すでに株式を保有していて今後も売る予定のない長期保有の株主にとっては、決算発表で出てくる終了した期の業績や、株主総会に議案として出されて決定する予定の配当額に興味関心があるだろう。だが、これから株式を買おうかどうか考えている投資家や、株主でも短期の売買で値ざや稼ぎをしようとしている人にとっては、決算発表で出てくる業績は「過去」の実績に過ぎない。

　むしろ、彼らは、これからどうなるのか、翌期の売上高や利

134

■スズキの決算短信（連結業績予想）

３．2025年３月期の連結業績予想（2024年４月１日～2025年３月31日）

（％表示は、対前期増減率）

	売上収益		営業利益		税引前利益		親会社の所有者に帰属する当期利益		基本的１株当たり当期利益
	百万円	％	百万円	％	百万円	％	百万円	％	円 銭
通 期	5,600,000	―	480,000	―	550,000	―	310,000	―	160.69

（注）１　当社は、2025年３月期第１四半期から国際財務報告基準（IFRS）を任意適用するため、連結業績予想はIFRSに基づき算出しています。このため、日本基準を適用した2024年３月期の実績に対する増減率は記載していません。

（注）２　当社は、2024年４月１日付で普通株式１株につき４株の割合で株式分割を行っています。2025年３月期の連結業績予想における基本的１株当たり当期利益については、当該株式分割の影響を考慮しています。

出所：スズキ株式会社決算短信（2024年３月期）

益がどうなるのか、といった予測にこそ価値を見出す。決算短信で示される「配当予想」や「業績予想」は、会社の経営者自身が株主・投資家に示した予想数値なので、投資する際には大きな判断材料になる。

　売上高も利益もともに増える「増収増益」になるという予想であれば、安心して株式投資を行える一方、「減収減益」を会社が見込んでいた場合は、なかなか買いにくい。あるいは保有してきた株式を売却するきっかけにもなるだろう。

　配当金は、かつては毎年一定額、例えば額面50円の株式１株に対して５円の配当を行うケースを「１割配当」と呼んでいた。それで一人前の配当だと評価していた時代もある。だが、実際に株式を売買している人の大半は、額面で株式を購入しているわけではなく、時価で市場から購入している。はるかに高い価格で購入しているわけだ。だから、１株５円の配当で満足できるわけではなく、より配当を増やす増配をすることが企業にとって不可欠となってきた。

　その１つの基準が「配当性向」で、儲かった利益の何％を配当に回すかを、企業経営者も投資家も注目するようになった。つまり、利益が増えれば、それに伴って配当も増えるわけである。企業は「配当性向」を引き上げることを目標として示すな

ど、株主還元に力を入れてきた。また、投資家は配当額を株価で割った「配当利回り」に注目して株式投資を行うようになってきた。

そういう意味でも、配当や業績の予想、見通しが投資家にとって重要な情報になっている。

▌業績予想の修正

基本的に上場企業は決算発表の時に業績予想を公表することになっている。中には外部環境の変化が激しくて予想が困難であるとして業績予想を公表しない企業もある。欧米企業では業績予想を数値で示しているところはほとんどなく、日本独自の制度であるため、国際水準に合わせるとして開示をしない企業も一部にある。

こうした経営者自身が業績予想を出していない企業でも、証券アナリストなどが業績予想数値を公表しているケースが多い。また、東洋経済新報社が発行する「会社四季報」では、同社の記者が独自に予想した業績を企業ごとに記載している。東洋経済は1社ごとに担当記者を決めて、企業の財務担当者などに取材するほか、企業にアンケートを送るなどして業績予想を集め、掲載している。業績予想が企業と出した数値と同じ場合もあるが、東洋経済自身が、それに上乗せしたり、減額しているケースも少なくない。

経営者自身が示す業績予想は何と言っても信頼性が高いが、必ずしも、業績予想通りに着地するとは限らない。経営者によっては保守的な予想数字を出す傾向があるためだ。実績が予想を上回るのは問題ないが、予想に実際の業績が及ばなかった場合、経営者の責任が問われると考えがちなためだ。

ちなみに、企業が決算発表などの際に公表する業績予想が大きく変わった場合、「業績予想の修正」を発表することが取引所から求められている。極端に低い予想数値を出しておいて、実績がそれを大幅に上回ると、株価が大きく高騰する可能性があるなど、市場に影響を与えるためだ。そこで、取引所では、次のようなルールを決めている。

　　a．連結売上高にあっては1.1以上又は0.9以下

　　b．連結営業利益にあっては1.3以上又は0.7以下

　　c．連結経常利益にあっては1.3以上又は0.7以下

　　d．親会社株主に帰属する当期純利益にあっては1.3以上又は0.7以下

つまり、連結売上高予想が1000億円だった場合、それが1100億円になったり逆に900億円になる見込みとなった場合や、利益が当初予想に比べて3割増減する見通しとなった場合は、業績予想を修正するように求めている。売上高がこのルールに触れるケースは多くないが、利益の3割変動はしばしば起きる。

特に、3月期決算企業が、期末に近い3月になると一斉に業績予想の修正を発表するケースが多い。

以上、見てきたように、決算短信には決算に関する基本的な情報がコンパクトにまとめられている。基本的な数字が書かれた表紙を読むだけでも十分にその企業の決算について理解できるが、表紙に続く「経営成績の概況」の文章情報で、大まかな決算数値の背景を知ることができる。なぜ、売上高が増えたのか、利益が減ったのか、といった原因分析を経営者が行って文章化しているのだ。これは投資情報としても大きな意味を持つ。

競争の激化で利益率が落ちたのが減益の理由だと書かれていたとすれば、次期の業績を左右する要因として利益率の動向に着目することになる。さらに、貸借対照表や損益計算書、キャッシュ・フロー計算書などの「連結財務諸表」が添えられている。企業の決算を知る入口が「決算短信」というわけだ。

決算短信を手に入れる

では、どうやって決算短信を手に入れるか。

最近では、企業自身のウェブサイトに「IR（インベスター・リレーションズ）」のコーナーを作り、決算短信などをまとめて公開している。例えばスズキの場合、「IRライブラリー」と

■スズキのIR情報

出所：スズキウェブサイト（2025年2月7日閲覧）

いうサイトがあり、その中の「決算資料」に過去からの資料が並べられている。2024年3月期の決算短信もPDFで格納されているほか、「決算参考資料」や「決算説明会」で使用された資料、その音声ファイル、主な質疑応答についての文書など、決算発表がらみの資料が揃っている。

こうした決算関係の資料を1カ所にまとめて公表する企業が増えたものの、これは義務付けられているわけではないため、企業任意の取り組みになっている。

仮に、企業のウェブサイトで見つけられなくても決算短信を手に入れる方法はある。

TDnet

日本取引所グループが運営する「TDnet」というウェブサービスでは、その日に企業が発表したすべての資料を見ることが

■適時開示情報閲覧サービス（TDnet）

出所：東京証券取引所ウェブサイト（2025年2月7日閲覧）

できる。決算短信もすべてここで開示されるルールになっており、記者クラブで配布されるのと同時にアップされる。ネット上で、無料でPDFファイルの資料を見ることができ、印刷やダウンロードすることも可能だ。公開から1カ月間は無料で利用することができる。また、機関投資家や企業向けに、期間を限定しないでダウンロードできる有料サービスも提供されている。

基本的にTDnetを利用すれば、決算短信だけでなく、社長交代や不祥事の発表など、資料を手に入れることができる。また、前述の「業績予想の修正」などもTDnetに流れるので、3月後半になると特に注目すべき内容が多くなる、とても便利なサービスだ。

もちろん、決算情報を確実に手に入れるには、関心を持つ企業の決算発表がいつ行われるかを知っておく必要がある。決算発表予定日は東京証券取引所などが調べてホームページで公表しているし、決算発表シーズンになると日本経済新聞などの紙面で報道される。

▌ 株主総会と有価証券報告書

上場企業は決算期末から3カ月以内に株主総会を開くことが法律で義務付けられている。決算内容を株主に報告して、利益の配分方法などを議決する必要がある。利益の配分というのは、儲けた利益のうち、どれぐらいを株主に配当として分配し、残りを内部留保である利益準備金などに積むかを株主に決議してもらうわけだ。そのためには決算書が固まっていなければならず、株主総会では決算書が株主に示される。

実際には、株主総会を招集するための書類を株主に郵送する

が、その「招集通知」に、決算書など議案を審議するために必要な書類が付けられる。この招集通知は株主総会の日の2週間前までに発出しなければならないと法律（会社法299条1項）で定められている。

ちなみに、最近は「招集通知」も企業自身がウェブサイトで公表するケースが増えている。株主でなくても招集通知の内容を知ることができるわけだ。

近年、増えているのが「株主提案」である。通常、株主総会に提出される議案は取締役会で議決され、会社側提案として株主総会にかけられる。一方で、「株主提案」は経営に直接参加していない株主も一定の株数を持てば議案を提出できる制度だ。

条件は「議決権の100分の1以上または300個以上の議決権を有する株主が、提案日の6カ月前から引き続き保有している場合」、株主提案ができる。議決権は単元株（会社ごとに100株、1000株などと決まっている）の300倍ということで、1000株ならば30万株ということになる。株主総会が開かれる8週間以上前に取締役に対して書面で議案を提出することになっている。

こうした「株主提案」は昨今、アクティビスト（モノ言う株主）と呼ばれる海外投資家などによって、頻繁に使われるようになった。増配や自社株取得など株主還元を求めるものや、会社提案とは別の取締役を選任するよう求める提案なども多い。また、環境派の株主が電力会社の株主総会で、脱原発に向けて「定款変更」を求めるケースなどがある。

その後、6月に株主総会が開かれ、そこで決算が承認されて確定すると、その決算書を加えた「有価証券報告書」がまとめられる。有価証券報告書の提出期限は決算期末から3カ月以内で、株主総会で承認された後すぐに内閣総理大臣宛、財務局に

第9章 企業の決算書を手に入れる

141

提出することが義務付けられている。実際には次章で説明する
EDINETに企業自身が登録することで提出を行っている。

　いずれにせよ、企業が提出する決算に関わるさまざまな書類
の中で、最も重要で、最も情報量が多いのが有価証券報告書だ。
企業の実態を知るためのツールとして有価証券報告書を手に入
れることをおすすめしたい。詳しくは次章で説明しよう。

第10章

有価証券報告書は宝の山

EDINET

　上場企業の決算書類の中で最も重要なものが有価証券報告書である。決算期末から３カ月以内に、株主総会で決算を承認した上で、有価証券報告書を財務局に提出する。昔は紙の書類を管轄の財務局に提出していたが、今は金融庁が運用するEDINET、「金融商品取引法に基づく有価証券報告書等の開示書類に関する電子開示システム」に企業が電子登録することで提出されている。ちなみにEDINETは、Electronic Disclosure for Investors' NETworkの略だ。

　略語を見て分かるように、投資家（Investors）のための情報開示システムという性格上、誰でもインターネットを通じてEDINETに登録された有価証券報告書などを閲覧し、入手することができる。かつては１社ごとに冊子にまとめられて販売されていたが、今は誰でも無料で情報を入手できるようになった。

■ 有価証券報告書を選ぶ

　インターネットでEDINETの検索窓を開き、提出者である企業の名称を入力する。上場企業だけでなく、一定要件以上の債券を発行した企業や、投資信託などファンドも有価証券報告書を提出することになっており、いずれもEDINETで検索できる。

　有価証券報告書には、年に１度、本決算後に提出する年間の報告書のほか、半年分の決算をまとめた「半期報告書」や３カ月の決算をまとめた「四半期報告書」もある。そのほか、「臨

144

時報告書」や「訂正報告書」を企業が提出した場合、これらも閲覧、利用することが可能だ。ほかに「大量保有報告書」という書類もある。

　ここで最も大切なのは、1年分の決算書をまとめた「有価証券報告書」を選び出すことだ。第20期などというタイトルの後に、対象の期間が記載されているので、それが1年間であるかどうかを確認してから書類を開こう。

　もちろん、半期報告書や四半期報告書も重要な決算情報を含んでいるが、会社全体の状況や趨勢を知るためには年間の有価証券報告書を見る必要がある。

　ちなみに検索窓の「提出期間」を「過去1年」ではなく「全

■EDINETトップページ

出所：EDINETウェブサイト（2024年2月7日閲覧）

期間」にするとEDINTに入っている有価証券報告書がすべて出てくる。例えばトヨタ自動車の有価証券報告書は2015年6月に提出された111期から最新のものまで手に入る。

有価証券報告書の読み方

まずは、皆さん自身が関心のある企業の名前を検索して、有価証券報告書を開いてみよう。ここではトヨタ自動車を例に見てみることにする。有価証券報告書の「120期（2023/4/1-2024/03/31）」とあるが、一般には2024年3月期と呼んでいる決算期にあたる。

有価証券報告書を開くと上の方のタブに「提出本文書」「監査報告書」「代替書面・添付文書」とある。「提出本文書」は文字通り有価証券報告書の本文だ。次いで「監査報告書」はこの決算書を監査した監査法人（会計事務所）による監査結果が書かれている。そして最後の「代替書面・添付文書」には企業が株主に送った「株主総会招集通知」などが登録されている。

■ まずは「企業の概況」をみてみる

第1の企業の概況を開くと、「主要な経営指標等の推移」として過去5年分の業績推移が一覧表になっている。企業の大まかな決算動向を見るにはこのページだけでも大いに役立つ。

トヨタ自動車ならば2020年3月期に29兆円だった営業収益（売上高）が4年後の2024年3月期には45兆円に大きく増えたことが一目瞭然だ。「親会社の所有者に帰属する当期利益」が一般に「当期利益」あるいは「純利益」と呼ばれるもので、

146

■企業の概況（トヨタ自動車）

第一部 【企業情報】

第1 【企業の概況】

1 【主要な経営指標等の推移】

（1）連結経営指標等

回　次		国際財務報告基準				
		第116期	第117期	第118期	第119期	第120期
決算期		2020年3月	2021年3月	2022年3月	2023年3月	2024年3月
営業収益	（百万円）	29,866,547	27,214,594	31,379,507	37,154,298	45,095,325
税引前利益	（百万円）	2,792,942	2,932,354	3,990,532	3,668,733	6,965,085
親会社の所有者に帰属する当期利益	（百万円）	2,036,140	2,245,261	2,850,110	2,451,318	4,944,933
親会社の所有者に帰属する当期包括利益	（百万円）	1,555,009	3,217,806	3,954,350	3,251,090	6,999,828
親会社の所有者に帰属する持分	（百万円）	20,618,888	23,404,547	26,245,969	28,338,706	34,220,991
総資産	（百万円）	53,972,363	62,267,140	67,688,771	74,303,180	90,114,296
1株当たり親会社の所有者に帰属する持分	（円）	1,490.80	1,674.18	1,904.88	2,089.08	2,539.75
基本的1株当たり親会社の所有者に帰属する当期利益	（円）	145.49	160.65	205.23	179.47	365.94
希薄化後1株当たり親会社の所有者に帰属する当期利益	（円）	144.02	158.93	205.23	179.47	365.94
親会社所有者帰属持分比率	（％）	38.2	37.6	38.8	38.1	38.0
親会社所有者帰属持分利益率	（％）	10.0	10.2	11.5	9.0	15.8
株価収益率	（倍）	8.9	10.7	10.8	10.5	10.4
営業活動によるキャッシュ・フロー	（百万円）	2,398,496	2,727,162	3,722,615	2,955,076	4,206,373
投資活動によるキャッシュ・フロー	（百万円）	△2,124,650	△4,684,175	△577,496	△1,598,890	△4,998,751
財務活動によるキャッシュ・フロー	（百万円）	362,805	2,739,174	△2,466,516	△56,180	2,497,558
現金及び現金同等物期末残高	（百万円）	4,098,450	5,100,857	6,113,655	7,516,966	9,412,060
従業員数〔外、平均臨時雇用人員〕	（人）	361,907 [86,596]	366,283 [80,009]	372,817 [87,120]	375,235 [94,974]	380,793 [96,482]

（注）　1　当社の連結財務諸表は、国際財務報告基準（以下、IFRSという。）に基づいて作成しています。
　　　2　2021年10月1日付で普通株式1株につき5株の割合で株式分割を行っています。第116期の期首に当該株式分割が行われたと仮定して、1株当たり親会社の所有者に帰属する持分、基本的1株当たり親会社の所有者に帰属する当期利益および希薄化後1株当たり親会社の所有者に帰属する当期利益を算定しています。
　　　3　2021年4月2日に第1回AA型種類株式の残存する全部の取得および2021年4月3日に第1回AA型種類株式の全部の消却を完了しており、2023年3月31日および2024年3月31日に終了した1年間において、潜在株式が存在しないため希薄化後1株当たり親会社の所有者に帰属する当期利益は、基本的1株当たり親会社の所有者に帰属する当期利益と同額です。

出所：トヨタ自動車株式会社有価証券報告書（2024年3月期）

2020年3月期には2兆7929億円だったものが、2024年3月期には6兆9650億円に拡大、絶好調の決算であることが分かる。

この一覧表には、株価を見る上で重要な「1株当たり当期利益」や、その何倍まで株価が買われているかを示す「株価収益率」のほか、決算上の利益ではなく、実際に企業にどれぐらいのキャッシュが入ったかを示す「キャッシュ・フロー」が記載され、期末現在でどれだけ現金やそれに近いものがあるかを示す「現金及び現金同等物期末残高」が記されている。企業によっては、決算書上は利益が出ているように見えても、実はキャッシュが入ってきていないといった例を見つけることもできるはずだ。

さらに従業員数の推移が書かれている。トヨタ自動車の場合、2024年3月期で、連結決算ベース、つまり全世界で38万793人の従業員がいることが分かる。

また、その決算期間中の、最高株価や最低株価も記載されているほか、1株当たりの配当も書かれている。トヨタ自動車は2020年3月期に220円だった年間配当が、2024年3月期には375円に増やしていることが分かる。

▎「沿革」でその会社の歴史が分かる

「沿革」を見るとその会社の創立以来の重要なトピックスが書かれた年表が出てくる。トヨタ自動車の源流は、1933年9月に「豊田自動織機製作所（現在の豊田自動織機）内で自動車の研究を開始」したことだと記されている。1935年にはトラックを発売、翌年には乗用車を発売していた。1975年には住宅販売に進出、1980年代から90年代にかけて海外に積極的に進出したことが分かる。企業の歴史を正確に調べるには、有価証券報告書の沿革が最も手っ取り早い。

「事業内容」は会社自身が自社の業務内容を説明し、グルー

148

■沿革（トヨタ自動車）

2 【沿革】

年月	概要
1933年9月	㈱豊田自動織機製作所（現在の㈱豊田自動織機）内で自動車の研究を開始
1935年11月	トラックを発売
1936年9月	乗用車を発売
1937年8月	㈱豊田自動織機製作所（現在の㈱豊田自動織機）より分離独立（会社創立）
	（社名　トヨタ自動車工業㈱、資本金　12,000千円）
1940年3月	豊田製鋼㈱（現在の愛知製鋼㈱）設立
1941年5月	豊田工機㈱（現在の㈱ジェイテクト）を設立し、精密工作機械の製造事業を移管
1943年11月	中央紡績㈱を吸収合併
1945年8月	トヨタ車体工業㈱（現在のトヨタ車体㈱）を設立し、自動車車体の製造事業を移管
1946年4月	関東電気自動車製造㈱（現在のトヨタ自動車東日本㈱）設立
1948年7月	日新通商㈱（現在の豊田通商㈱）設立
1949年5月	東京、名古屋、大阪の各証券取引所に株式を上場
	（現在は東京、名古屋、ニューヨーク、ロンドンの各証券取引所に株式を上場）
6月	愛知工業㈱（現在の㈱アイシン）設立
	名古屋ゴム㈱（現在の豊田合成㈱）設立
12月	日本電装㈱（現在の㈱デンソー）を設立し、自動車用電装品の製造事業を移管
1950年4月	トヨタ自動車販売㈱を設立し、販売業務を移管
5月	民成紡績㈱（現在のトヨタ紡織㈱）を設立し、紡績事業を移管
1953年8月	東和不動産㈱（現在のトヨタ不動産㈱）設立
1956年3月	トヨタ自動車販売㈱が産業車両を発売
1957年10月	米国トヨタ自動車販売㈱設立
1960年11月	㈱豊田中央研究所設立
1966年10月	日野自動車工業㈱・日野自動車販売㈱（現在は合併し、日野自動車㈱）と業務提携
1967年11月	ダイハツ工業㈱と業務提携
1975年12月	店舗用住宅を発売
1977年2月	個人用住宅を発売
1980年3月	ティース　トヨタ㈱（現在のトヨタ　モーター　コーポレーション　オーストラリア㈱）を株式取得により子会社化
1982年7月	トヨタ自動車販売㈱と合併し、社名をトヨタ自動車㈱に変更
10月	トヨタ　モーター　クレジット㈱設立
1984年2月	当社とGM社（当時）との間で合弁会社ニュー　ユナイテッド　モーター　マニュファクチャリング㈱を設立
1986年1月	トヨタ　モーター　マニュファクチャリング　U.S.A.㈱（現在のトヨタ　モーター　マニュファクチャリング　ケンタッキー㈱）およびトヨタ　モーター　マニュファクチャリング　カナダ㈱を設立
1989年12月	トヨタ　モーター　マニュファクチャリング（UK）㈱設立
1991年2月	トヨタ自動車九州㈱設立
1996年2月	トヨタ　モーター　マニュファクチャリング　インディアナ㈱設立
9月	北米における製造・販売会社の資本関係再編成に伴い、トヨタ　モーター　ノース　アメリカ㈱（現在は同地域の子会社と合併）を設立
10月	北米における製造統括会社トヨタ　モーター　マニュファクチャリング　ノース　アメリカ㈱（現在のトヨタ　モーター　エンジニアリング　アンド　マニュファクチャリング　ノース　アメリカ㈱）を設立
1998年9月	ダイハツ工業㈱を株式取得により子会社化
10月	欧州における製造統括会社トヨタ　モーター　ヨーロッパ　マ…は同地域の販売統括会社、持株会社と合併）を設立
2000年9月	金融統括会社トヨタファイナンシャルサービス㈱…
2001年4月	㈱豊田自動織機製作所（現在の㈱豊田…

出所：トヨタ自動車株式会社有価証券報告書（2024年3月期）

プ内の企業群などを図示しているので分かりやすい。子会社や
関係会社の一覧もあり、出資比率なども分かる。

　「従業員の状況」は企業の概況にあった従業員数をさらに細
かく、事業ごとの人数などを記載している。トヨタ自動車の場
合、自動車事業、金融事業、その他の事業、全社共通などに分
類して人数が記載されている。本体だけでなく、連結子会社の

状況も示されている。

　最近加わったものに、管理職に占める女性の割合などがあるが、これについては、後ほど詳しく説明する。

■「第2　事業の状況」

　「事業の状況」の項目では、まず、その企業の経営方針や、さまざまな経営課題に対する課題をまとめた「経営方針、経営環境及び対処すべき課題等」が、経営者の視点で書かれている。かつては紋切り型の説明が多かったが、最近ではそれぞれの企業の特色が現れる内容になっており、有価証券報告書の必読ポイントになっている。

　例えば、その企業の経営の状況や経営戦略を知りたいと思う場合や、その企業に関するレポートを書こうとする場合、この「事業の状況」に書かれている内容で、おおむね事足りる。決算書などの数値情報を読むには一定の訓練が必要だが、事業の状況は文章で書かれているので、状況を理解しやすい。

　次に「サステナビリティに関する考え方及び取組」という項目がある。「事業の状況」の説明では、決算数値の情報だけでなく、さまざまな経営上の取り組みが説明されている。いわゆる「非財務情報」の開示が増えている。

■ 重要性を増す非財務情報

　企業の価値や将来性を判断する材料として、決算書などの「財務情報」が重要なことは言うまでもない。しかし近年、単なる利益追求だけでは企業が成長できないことが明らかになってきた。その最たるものが、企業と地球環境との関係である。水産業などを考えれば分かりやすいが、地球環境が変わり水産資源

150

■事業の状況（トヨタ自動車）

第２ 【事業の状況】

１ 【経営方針、経営環境及び対処すべき課題等】
　本項においては、将来に関する事項が含まれていますが、当該事項は2024年３月31日現在において判断したものです。

（１）会社の経営の基本方針
　トヨタは経営の基本方針を「トヨタ基本理念」として掲げており、その実現に向けた努力が、企業価値の増大につながるものと考えています。その内容は次のとおりです。
　１．内外の法およびその精神を遵守し、オープンでフェアな企業活動を通じて、国際社会から信頼される企業市民をめざす
　２．各国、各地域の文化、慣習を尊重し、地域に根ざした企業活動を通じて、経済・社会の発展に貢献する
　３．クリーンで安全な商品の提供を使命とし、あらゆる企業活動を通じて、住みよい地球と豊かな社会づくりに取り組む
　４．様々な分野での最先端技術の研究と開発に努め、世界中のお客様のご要望にお応える魅力あふれる商品・サービスを提供する
　５．労使相互信頼・責任を基本に、個人の創造力とチームワークの強みを最大限に高める企業風土をつくる
　６．グローバルで革新的な経営により、社会との調和ある成長をめざす
　７．開かれた取引関係を基本に、互いに研究と創造に努め、長期安定的な成長と共存共栄を実現する

（２）トヨタフィロソフィー
　トヨタはモビリティカンパニーへの変革を進めるために、改めて歩んできた道を振り返り、未来への道標となる「トヨタフィロソフィー」をまとめました。
　トヨタはモビリティカンパニーとして移動にまつわる課題に取り組むことで、人や企業、コミュニティの可能性を広げ、「幸せを量産」することを使命としています。そのために、モノづくりへの徹底したこだわりに加えて、人と社会に対するイマジネーションを大切にし、様々なパートナーと共に、唯一無二の価値を生み出してまいります。

「トヨタフィロソフィー」

MISSION	わたしたちは、幸せを量産する。技術でつかみとった未来の便利と幸福を手の届く形であらゆる人に還元する。
VISION	可動性（モビリティ）を社会の可能性に変える。人、企業、自治体、コミュニティができることをふやし、人類と地球の持続可能な共生を実現する。
VALUE	トヨタウェイ ソフト、ハード、パートナーの３つの強みを融合し、唯一無二の価値を生み出す。

出所：トヨタ自動車株式会社有価証券報告書（2024年３月期）

が枯渇してしまえば、企業努力では如何ともしがたい。どうすれば企業が「持続的に成長」できるか。そのためには企業とし

て地球環境の保全にどう取り組んでいるかが重要になる。水産資源をどう守るかだけでなく、地球温暖化の防止にどう取り組んでいるかも重要になる。企業に投資するステークホルダーも、企業のそうした姿勢に注目するようになり、関連する情報が求められるようになった。こうした決算数値以外の情報を総称して「非財務情報」と呼ぶ。

2015年9月の国連サミットで「持続可能な開発のための2030アジェンダ」が採択され、2030年までに持続可能でより良い世界を目指す国際目標としてSDGs（Sustainable Development Goals：持続可能な開発目標）が設定された。SDGsの考え方が世界に広がるとともに、企業がSDGsにどう向き合っているか、経営戦略にどう盛り込んでいるかが、注目されるようになった。SDGsの考え方は投資の世界にも広がり、ESG（環境・社会・ガバナンス）が重要な投資基準として意識されるようになった。投資家から資金を集めたい企業からすれば、ESGにどう取り組んでいるかを情報開示することが極めて重要になった。こうした流れの中で、決算情報以外の「非財務情報」開示の充実が進められることとなった。

実は、ESGが重視されるより前から、企業のガバナンスを巡る情報開示が求められるきっかけがあった。2000年前後に頻発した企業の粉飾決算など会計不祥事である。2001年には米国のエネルギー商社「エンロン」が会計不正の発覚から経営破綻、2002年には米国の大手通信会社ワールドコムが粉飾決算の末に負債総額410億ドル（当時のレートで4兆7000億円）を抱えて破綻した。こうした会計不正はイタリアの大手乳業会社パルマラットが巨額の粉飾の末に2004年に破綻するなど欧州にも飛び火した。日本も例外ではなく、2004年のライブドア、西武鉄道、

2005年のカネボウなどで表面化した。

　こうした粉飾決算が相次いだことに対して、米国では会計不正を防ぐ目的で2002年にSOX法（サーベンス・オクスリー法、正式名称は「上場企業会計改革および投資家保護法」）が導入された。日本でもこれに倣って2008年に「内部統制報告制度（通称J-SOX法）」が導入されるなど会計や監査制度の強化が図られた。さらに、企業に対しては、コーポレートガバナンスの強化が求められるようになった。

■ サステナビリティ

　有価証券報告書の「サステナビリティに関する考え方及び取組」では、企業のESG戦略についての説明がなされている。開示企業のガバナンス体制についての説明がなされ、取締役会やその他の意思決定機関との関係などが図や表で示されていることが多い。

　トヨタ自動車の場合、「サステナビリティ推進体制」として「サステナビリティ会議」や「ガバナンス・リスク・コンプライアンス会議」などが執行機能を担い、議案などを上程された「取締役会」が監督・意思決定機能を果たすことが図示されている。

　続いて、「リスク管理」や「人的資本に関する考え方及び取り組み」などが文章で記載されている。さらに、「気候変動対応」状況について記載されているが、トヨタの場合、国際基準である「TCFDに基づいた気候関連財務情報開示」を行っていることが明記されている。こうした気候変動予防に関する企業の取り組みは年々注目されていて、環境派の株主団体などから株主総会で株主提案を受けたり、情報開示を求められるケース

■サステナビリティに関する考え方及び取組（トヨタ自動車）

2 【サステナビリティに関する考え方及び取組】
　当社のサステナビリティに関する考え方及び取組は、次のとおりであります。
　なお、文中の将来に関する事項は、当連結会計年度末現在において当社が判断したものであります。

(1) ガバナンス

　当社は、創業以来、「豊田綱領」の精神を受け継ぎ、「トヨタ基本理念」に基づいて事業活動を通じた豊かな社会づくりを目指してまいりました。2020年には、その思いを礎に「トヨタフィロソフィー」を取り纏め、「幸せの量産」をミッションに掲げて、地域の皆様から愛され頼りにされる、その町いちばんの会社を目指しています。そのトヨタフィロソフィーのもと、サステナビリティ推進に努めています。

　当社では、外部環境変化・社会からの要請などを把握し、より重要性・緊急性が高い課題に優先的に取り組むために、取締役会の監督・意思決定のもと、次のような推進体制にて関係部署と密に連携しながら、環境・社会・ガバナンスなどのサステナビリティ活動を継続的に推進・改善しています。

　経営に関わる横断的なサステナビリティの重要課題を審議するため、社長が議長を務め、主に環境、社会課題に関するテーマを扱うサステナビリティ会議と、Chief Risk Officer兼Chief Compliance Officerが議長を務め、ガバナンスに関するテーマを扱う「ガバナンス・リスク・コンプライアンス会議」を設置しています。その他、より実務に近い個別の課題・テーマは機能軸で分科会を設け、審議する体制を構築しています。

　また、サステナビリティ活動に関して外部ステークホルダーとのエンゲージメントや情報発信をリードする責任者としてChief Sustainability Officerを任命しています。

＜サステナビリティ推進体制＞

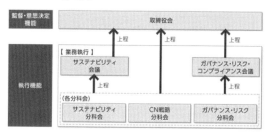

	サステナビリティ会議	ガバナンス・リスク・コンプライアンス会議	サステナビリティ分科会	CN戦略分科会	ガバナンス・リスク分科会
議長または推進者	社長	CRO兼CCO	総務・人事本部副本部長	CN開発センター長	総務・人事本部副本部長 DCRO兼DCCO
メンバー	副社長2名、社外取締役4名、社外監査役1名、CPO、CSO、CHRO、他5名	副社長2名、社外取締役1名、社外監査役1名、CPO、CSO、他3名	社外取締役1名、CRO兼CCO、CSO、CISO、CHRO、他7名	副社長2名、CRO兼CCO、CPO、CSO、CISO、常勤監査役1名、他11名	副社長2名、社外取締役1名、社外監査役1名、CRO兼CCO、CSO、CISO、CHRO、常勤監査役1名、他5名
2023年度開催実績	4回	－（2024年6月新設）	3回	3回	6回
取締役会への報告頻度	重要な事案が生じたとき	重要な事案が生じたとき	重要な事案が生じたとき	重要な事案が生じたとき	重要な事案が生じたとき
内容	サステナビリティに関連する重要案件について、審議・決定・活動を推進することで企業価値向上に貢献	ガバナンス・リスク・コンプライアンスに関する業務執行における重要事項の報告・審議	内外の変化を総覧しつつ、環境、社会、ガバナンス、およびSDGsに関わる中長期的な競争力強化とリスク対応に関する経営の重要事項について報告・審議	カーボンニュートラルおよび環境課題に係る、グローバルの重要動向への共通認識を醸成　上記に関する目標・KPIなどの経営上の重要施策を報告・審議	ガバナンス・内部統制、企業倫理、コンプライアンスおよびインシデントならびに事業・商品領域におけるリスクマネジメント全般に関する重要課題および対応について審議・決定・活動を推進

CPO：Chief Production Officer　　CHRO：Chief Human Resources Officer　　CCO：Chief Compliance Officer　　DCRO：Deputy Chief Risk Officer
CSO：Chief Sustainability Officer　　CRO：Chief Risk Officer　　CISO：Chief Information & Security Officer　　DCCO：Deputy Chief Compliance Officer

出所：トヨタ自動車株式会社有価証券報告書（2024年3月期）

が増えている。

さらに、開示企業が抱える「事業等のリスク」について説明されている。経営者の立場から会社のリスクだと考えている事項が説明されていて、投資家にとって重要な情報になっている。リスクにはさまざまなものがあるが、一般的な事業環境の変化といったリスクから、その企業固有のリスクまでが記載されている。中には創業者オーナーが絶大な決定権を握っているような場合、そのオーナーの死亡などが会社の経営に大きなリスクを及ぼすといった記載がある会社もある。

「経営者による財務状態、経営成績及びキャッシュ・フローの状況の分析」も、決算書を読むだけでは分からない状況分析が経営者の立場からなされており、とても参考になる。特に、数値だけでは分からない数値変動の要因、例えば、売上高が大きく増えた要因の分析などは、経営者の視点を知ることは重要だ。

■「第3　設備の状況」

その企業が持つ工場や研究所の所在地や、帳簿上の投資価値などが記載されている。主要な生産工場はどこに所在するのか、あるいは都心にある工場用地などで帳簿価値を大きく上回る時価になっているものなど、企業資産の「含み益」などを知ることも可能だ。また、国内の子会社や、海外子会社の一覧も記載されていて、その企業の事業展開している地域や国を知ることも可能だ。

■「第4　提出会社の状況」で分かる株式の分布

上場企業は定款に定めた「発行可能株式数」の範囲内で、株

式を発行することができる。発行された株式は上場企業の場合、証券取引所で自由に売買が可能だ。有価証券報告書には、この「発行可能株式数」とともにすでに発行された「発行済み株式数」が記載されている。

取引所で売買される際の価格つまり「株価」は、その企業の価値を示すが、当然、発行済み株式数の多寡によって1株当たりの価値は変わる。企業全体の価値を測るのに使われる尺度として重要なのは1株当たりの株価に発行済み株式数をかけた額で、これは「時価総額」と呼ばれる。企業の価値を比較する上で、この時価総額で比べることがしばしば行われている。

2024年末の日本国内の時価総額トップは、トヨタ自動車の50兆円、2位は三菱UFJフィナンシャル・グループの22兆円で、これにソニー、リクルート・ホールディングス、日立製作所が続いている。一方、米国企業の時価総額は、アップルやNVIDIAが3兆ドル（日本円で450兆円）を突破しており、日本企業との格差が大きく開いている。

当該企業の株式はいったい誰が保有しているのか、有価証券報告書に記載されている。「所有者別状況」では、「金融機関」や「外国法人等」「個人その他」といった所有者区分別に株主数と保有株式数、発行済み株式に対する割合などが記載されている。外国法人等の保有割合が高い企業は、いわゆる外国人株主の動向に株価が大きく左右される傾向にあるなど、所有割合によって株価の動きにも特長がある。また、上位10株主を記載した「大株主の状況」では、筆頭株主が誰か、上位にどんな株主がいるか、などが分かる。例えば、ソフトバンクグループの大株主の状況では、最上段に「孫正義」氏の名前があり、4億2666万1000株を持つ、筆頭株主であることが分かる。発行済み

株式に占める割合は29.11％に達している。また、最近は、多くの企業の大株主上位に「カストディ」と呼ばれる信託銀行などの名義が出てくるケースが多いが、これは、投資ファンドや年金基金など機関投資家と呼ばれる投資家が証券の管理を銀行に委託し、本来の所有者の名義ではなく、カストディの名義になっていることが多いためだ。

「配当政策」については、毎年上げる最終利益のうち、どれぐらいを配当として株主に分配するかといった方針が書かれている。

「コーポレート・ガバナンスの状況等」

「提出会社の状況」の中にある「コーポレート・ガバナンスの状況等」の項目では、その企業のガバナンスの状況が詳細に記載されている。具体的には、どんなガバナンス体制を採用しているか、その運用をどう行っているかが書かれている。

日本企業のガバナンス体制は現在、戦後日本に定着してきた「監査役会設置会社」、米国型に近いものとして2003年に導入された「指名委員会等設置会社」、その中間的な存在として2015年に導入された「監査等委員会設置会社」から選ぶことができる。

■ ガバナンスの型

監査役会設置会社は、社外監査役を含む3人以上の監査役で構成する監査役会が、取締役の業務執行を監督する仕組みである。企業に不祥事が起きるたびに監査役の機能を強化してきた

が、なかなか監査役による監督機能が十分に発揮されず、「閑散役」などと揶揄されることもしばしばだった。

そこで2003年に導入されたのが、米国型のガバナンス機能を目指した「指名委員会等設置会社」で、社長を選ぶ「指名委員会」と監査を行う「監査委員会」、役員の報酬を決める「報酬委員会」の３つを設置、いずれも委員の過半数は社外取締役とすることとした。もっとも、日本企業の多くは社長が次期社長を選ぶケースが多く、社外取締役の主導で次期社長を選ぶという仕組みに抵抗感が強いことから、一部のグローバル企業を除いてなかなか採用する企業が増えなかった。

そこで、この中間的な仕組みとして導入されたのが、「監査等委員会設置会社」だ。監査役会に代わって、過半数の社外取締役を含む３人以上の取締役で構成する「監査等委員会」が、取締役の職務執行を監査するという仕組みだ。現在、この形式が急速に日本の上場企業の主流になりつつある。

有価証券報告書のガバナンスの記載では、どのガバナンス形態を採用しているか、その狙いは何かなどが記載されている。また、取締役のうち、誰がどの委員会に所属しているかといった情報もここに記載されている。

最近では、取締役など役員が、その年度に開かれた取締役会に何度出席したかを記載するようになった。かつては複数の会社の社外取締役を兼務する人が、取締役会を欠席するケースなどが目立っていたが、この開示が始まって以降、出席率にも外部の関心が高まることになり、現状では100％出席している役員が増えた。

「役員の状況」では、取締役などに就任している個人の氏名、生年月日や略歴、所有株式数などが記載されている。役員とし

158

てどんな役職に就いているかも分かる。

■ ガバナンスの強化と報酬開示

「コーポレート・ガバナンスの状況等」の中でも重要なのが「役員の報酬等」という開示項目だ。経営陣がどれぐらい報酬をもらっているのか、それにふさわしい仕事をして業績を上げているのかは、株主にとって大きな関心事と言っていい。一方で、経営者個人からすれば報酬額は「プライバシーの最たるもの」という意識も強かった。このため、報酬額の開示については長年、論争があった。

2010年度の有価証券報告書から役員報酬を個人別に開示することになった。経営者が得ている報酬額を開示することで、それに見合う経営成績を上げているかが問われるようになる、という考え方が背景にある。欧米では経営者の巨額の報酬が批判を浴びていた一方で、日本の経営者の報酬は欧米に比べて低いとされていたが実態は不明だった。欧州での報酬額開示に平仄を合わせる形で制度が導入されたが、経団連など経営側は強く反発、結果的に開示対象を1億円以上に限ることで決着した。

■ 1億円以上の報酬を個別開示

ほとんどいない、という見方もあった上場企業で1億円以上の報酬を得た役員は、蓋を開けて見ると、229社、368人にのぼった。トップは日産自動車のカルロス・ゴーン社長の8億9100万円、2位はソニーのハワード・ストリンガー会長兼社長の8億1450万円と外国人経営者だったが、3位は大日本印刷の北島義俊社長の7億8700万円で、日本人経営者も決して報酬が低いわけではないことが明らかになった。

当初は、開示対象にならないよう1億円未満に報酬を抑える企業もあったが、その後は、経営陣に高額報酬を支払うことへの抵抗感が薄れていった。外国人を経営陣に招くためには国際標準並みの報酬支払いが必要で、日本人だからといって、その額を低く抑えることができなくなってきたという面もある。ちなみに2023年度には1億円以上の報酬を受け取った役員は1120人、会社は509社と、ともに過去最多を更新している。

有価証券報告書の「役員報酬等」には、その会社が役員に報

■役員報酬1億円以上の開示企業

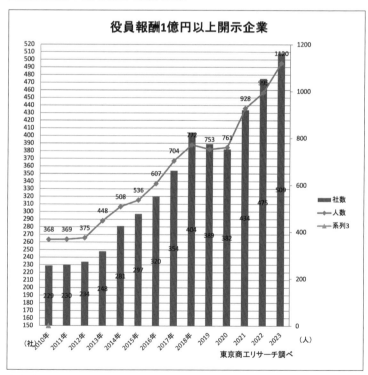

出所：東京商工リサーチ

酬を支払う際の報酬体系などが説明されている。基本報酬は月額の固定金額を現金で支払うケースが多いが、そのほかに業績

■役員報酬（トヨタ自動車）

②役員区分ごとの報酬等の額、報酬等の種類別の額及び対象となる役員の員数

役員区分	対象となる役員の員数（名）	報酬等の種類別の額（百万円）			報酬等の額（百万円）
		固定報酬	業績連動報酬		
			賞与	株式報酬	
取締役	15	844	985	1,862（518千株）	3,692
（うち社外取締役）	(5)	(178)			(178)
監査役	8	263		—	263
（うち社外監査役）	(4)	(57)			(57)

（注）　1　現金報酬は、月額報酬と賞与で構成されています。
　　　　2　業績連動報酬は、2024年5月8日開催の取締役会決議に基づいており、株式報酬については記載の株式数に割当決議の前日の終値を乗じた金額が付与されます。
　　　　3　上記報酬等のほか、退任取締役　James Kuffnerに対して2022年3月期にかかる業績連動報酬として68百万円を支給しています。

③連結報酬等の総額が1億円以上である者の連結報酬等の総額等

氏名（役員区分）	会社区分	連結報酬等の種類別の額（百万円）				連結報酬等の総額（百万円）
		固定報酬	業績連動報酬		退職慰労金	
			賞与	株式報酬		
豊田 章男（取締役）	提出会社	289	324	1,009（280千株）	—	1,622
早川 茂（取締役）	提出会社	77	133	179（50千株）	—	389
佐藤 恒治[*1]（取締役）	提出会社	87	187	349（97千株）	—	623
中嶋 裕樹[*1]（取締役）	提出会社	48	110	137（38千株）	—	295
宮崎 洋一[*1]（取締役）	提出会社	50	110	137（38千株）	—	297
Simon Humphries[*1]（取締役）	提出会社	36	55	51（14千株）	—	143
James Kuffner[*2]（取締役）	提出会社	27	101	—	—	531
	連結子会社ウーブン・バイ・トヨタ㈱	133	271	—	—	

＊1　2023年6月14日開催の定時株主総会をもって取締役に就任した取締役社長　佐藤　恒治、取締役　中嶋　裕樹、取締役　宮崎　洋一および取締役　Simon Humphriesは、9ヶ月間の報酬額を記載しています。
＊2　2023年6月14日開催の定時株主総会をもって取締役を退任した取締役　James Kuffnerは、3ヶ月間の報酬額を記載しています。
　　　連結子会社ウーブン・バイ・トヨタ㈱が取締役　James Kuffnerに支給する固定報酬には、3ヶ月ごとおよび12ヶ月ごとに支給される固定報酬が含まれます。また、上記固定報酬の他に、当社および連結子会社ウーブン・バイ・トヨタ㈱が取締役　James Kuffnerに対して出身国との税率差を考慮した税金補填（44百万円）を支給しています。
　　　当社が取締役　James Kuffnerに対して支給する業績連動報酬には、2022年3月期にかかる業績連動報酬（68百万円）が含まれます。

出所：トヨタ自動車株式会社有価証券報告書（2024年3月期）

連動で賞与を支給することが多い。さらに、長期にわたるインセンティブとして株式を報酬として与えたり、株式を取得する権利であるストックオプションを付与するケースも増えている。株式やストックオプションを与えることで、長期にわたって株価が上昇するような経営を行うインセンティブになり、短期志向でその時だけ業績を上げればいい、という傾向に陥らないようにするという意図がある。

　取締役に総額いくらの報酬が支払われているか、基本報酬や賞与、長期インセンティブごとに金額が記載されている。

　さらに、前述の1億円以上の報酬を得ている役員については、個別に名前を明らかにした上で、金額が記載されている。

　例えばトヨタ自動車の豊田章男会長兼CEOの2024年3月期の報酬は、固定報酬が2億8900万円、賞与が3億2400万円、株式報酬が10億900万円の合計16億2200万円が支払われている。ちなみに社長の佐藤恒治氏は6億2300万円だ。日本で最も儲かっている企業のトップの報酬にしては低いようにも見えるが、「役員の状況」を見ると、豊田氏は2346万6000株を所有しており、「配当政策」によると年間配当が1株当たり75円支給されていることが分かるので、17億5995万円の配当が支払われていることが分かる。豊田氏の場合、報酬よりも配当の方が金額が大きいわけだ。

▌「第5　経理の状況」

　いよいよ有価証券報告書の核心部分である。第8章で説明した「財務三表」など財務諸表類が並んでいる。

　前半は「連結財務諸表」。日本では1990年代まで「会社」ごとに決算書を作る「単体決算」「単独決算」が中心だった。企

業グループ全体の収益を見る「連結決算」も行われてはいたが、ほとんど注目されていなかった。このため、海外の子会社に本社の損失を移して見えにくくする「飛ばし」などが行われ、1990年代後半の日本の会計制度の信頼失墜の大きな要因になっていた。

これを欧米型の「連結決算」中心に変えたのが2000年3月期から実施された「会計ビッグバン」といわれる会計制度改革で、連結決算中心に一気に移行された。以来、日本でも連結決算が中心になり、決算と言えば、連結でグループ全体の業績を見るのが当たり前になっている。

過去の名残りもあり、決算書を作る本体、つまり本社部分だけの決算書も「提出会社の財務諸表」として記載されている。

連結財務諸表は、「連結貸借対照表」や「連結損益計算書」、「連結キャッシュ・フロー計算書」などから成り立っている。最近ではIFRS（国際財務報告基準）を使用する企業を中心に、IFRSの名称に従って、貸借対照表ではなく「連結財政状態計算書」と記載するケースも多い。記載項目に若干の違いはあるが、期末の財政状況を示す貸借対照表の役割と同じだと考えて差し支えない。

連結損益計算書は、その企業グループの期間の損益を示すもので、売上高など事業収益から経費項目を差し引くことで、最終的な利益を計算する。企業の業績を見る上で、最も基本的な決算書だが、IFRSでは「包括利益計算書」の開示が義務付けられている。包括利益とは損益計算書の当期純利益に「その他の包括利益」を加えたもので、例えば、有価証券の評価差額や為替調整勘定といったものを加える。IFRSは貸借対照表を重視する立場をとっており、貸借対照表の期首と期末の変動差額

第**10**章　有価証券報告書は宝の山

163

が損益計算書（包括利益計算書）に表されると考える。伝統的な日本の会計では、期間損益を積み上げたもので貸借対照表が出来上がると考えるので、そもそもの作成の考え方が違うと言えるだろう。

■「非財務情報」の拡充

前述のように、企業に決算数値以外の「非財務情報」の開示を求める世界的な流れが続いている。SDGsやESG投資の普及で、投資家がそうした情報を求めるようになっているからだ。こうした情報は、「CSR報告書」や「統合報告書」、「サステナビリティレポート」などさまざまな形で対外的に公表されているが、近年は、有価証券報告書の記載内容を充実させる形で、情報提供する動きになっている。1つには、会計基準の世界的な調和を目指してIFRSを作成してきたIASB（International Accounting Standards Board：国際会計基準審議会）の設立母体であるIFRS財団が、2021年にISSB（International Sustainability Standards Board：国際サステナビリティ基準審議会）を設立、国際的な非財務情報の開示基準作りに動き出したことがある。2022年7月には、日本もSSBJ（日本サステナビリティ基準委員会）を設置、基準作りと開示の拡大に動き出した。

今、日本で求められているのは、企業活動における多様性の確保である。特に女性の企業内での活躍などを求める声が強まっている。海外投資家も日本企業において女性管理職が少ないことなどが、日本企業の活力を失わせている一因だと指摘するようになってきた。

2023年3月、衝撃的な「事件」が起きた。12月決算企業であ

るキヤノンが開いた株主総会で、会長兼社長の御手洗冨士夫氏の取締役再任議案への賛成が50.59％とギリギリで可決される前代未聞の事態に直面したのだ。投資ファンドや年金基金などの機関投資家は取締役候補に女性がいないことを問題視しており、そうした場合、トップの選任議案に反対する動きを強めていた。まさに海外投資家は多様性が低い日本企業の代表格としてキヤノンにノーを突き付けたと見られたのだ。これを見た3月決算の日本企業の間では、新たに女性取締役候補を立てる動きが加速した。海外機関投資家の要求がジワジワと日本企業を動かすきっかけになったのだ。

　時を同じくして、岸田文雄内閣（当時）は、日本企業の女性役員の比率を「2030年までに3割にする」と表明した。海外投資家の方針に追随する姿勢を示したことになる。

　これに平仄を合わせて、有価証券報告書の記載内容が大幅に強化された。2023年度の有価証券報告書から「多様性に関する指標」として、「管理職に占める女性労働者の割合」や「男性の育児休職取得率」、さらには、「男女の賃金の格差」を、全従業員だけでなく、臨時雇用者などにも分けて開示することが義務付けられた。こうした情報は、有価証券報告書の第一部「企業情報」の「従業員の状況」などに記載されている。

　例えば、花王の2023年12月期の決算書には、花王株式会社の管理職に占める女性従業員の割合が23.9％であること、男性の育児休職取得率は102.1％に達することが記載されている。また、男女の賃金格差については、全従業員では88.9％、臨時雇用では82.7％だとしている。

　さらに花王の場合、「第2　事業の状況」の「サステナビリティに関する考え方及び取組」の中で、トップマネジメントに

おける女性の状況などを開示。「女性活躍推進」としてこんな一文を掲げている。

「最も多くの人財に関わり、当社グループの成長に不可欠なDiversity要素として、特に日本を中心に女性活躍推進活動を進めています。取締役会の女性比率を2025年までに30％にするという目標を掲げて改善を進めると共に、意思決定層における女性比率の向上を目指し、そのパイプラインを増やす取り組みとして、2030年までに女性管理職比率を女性社員比率と同じにするという目標をかかげ、3つの重点アクションに取り組んでいます。」

その上で、2023年の従業員のうち53.1％が女性なのに対して、女性管理職は31.1％であることを示し、比率を同じにするという目標に対して、達成率は58.6％だとしている。

女性活躍の促進は、労働力不足が深刻化しつつある日本では重要な政策課題になっている。そうした政策目標を達成する一助として、情報開示が一役買っているというわけだ。

第 11 章

会計基準はどう作られる

会計基準の国際化とIASC

　経済がグローバル化する中で、企業の財務内容や業績を比較する必要性に迫られるようになったのは、ある意味、当然の成り行きだった。かつては国が資本規制をするのが当たり前で、海外からの資本流入や、海外への資本流出に歯止めをかけようとした。資本が流出すれば国の通貨価値が失われるなど、貨幣経済を破壊することにつながりかねない。また、資本の無制限の流入を許せば、国内基幹産業が外国資本に買収されるリスクに直面することになるからだ。

　一方で、戦後の日本は、原材料を輸入してそれを製造業で加工し、自動車や電気機器として輸出をする「加工貿易」を、国のなりわいとして育成した。いわゆる「貿易立国」として経済成長を目指す政策がとられたわけだ。これに伴って、貿易に伴う資本の出入りが不可欠になり、日本政府は、1960年代から「資本の自由化、為替の自由化」に大きく舵を切っていく。輸入規制も急速に撤廃され、1960年4月に40％だった輸入自由化率は、1963年8月には92％に達することになる。それと同時に、資本規制も徐々に撤廃され、外国資本の日本株への投資などが広がっていった。

　こうした資本の自由化が日本のみならず世界的に進む中で、投資家にとっては、正しい企業の決算情報を手に入れることがより重要になった。こうした決算書の信頼度を保証する役割を担ったのが、企業の監査を行う大手の会計事務所（監査法人）だった。1980年代の米国では、ビッグ8と呼ばれる大手会計事務所が形成された。このビッグ8は米国の世界戦略の一翼を担

ったと言ってよい。米国が海外に出ていく時は、軍隊、コカ・コーラ、会計事務所が真っ先に行くと言われたほどだ。米国の資本が世界に出ていく際、投資先企業に問題がないか調べる会計事務所は、まさに国益も担っていたということだろう。

　もっとも、企業をチェックしようにも、決算書を作るルール、つまり「会計基準」は国ごとに違っていた。かつて英国の植民地だった国や地域では、英国流の会計基準や監査制度が根付いていて、米国や英国、欧州大陸の国々と会計基準の違いは小さいと言われていた。だが、それでも決算書を単純に比較することはできなかった。

　1970年代になると、会計基準を世界的に統一しようという動きが出始める。ビッグ8など会計事務所の公認会計士が中心になって1973年にIASC（International Accounting Standards Committee：国際会計基準委員会）が設立され、世界各国でバラバラになっている会計基準を調和させ、1つの基準にしていこうという理想を追いかけることになった。ビッグ8との提携を進めていた日本の監査法人業界も、当初からIASCに参画していた。

▌世界経済を席巻した日本

　1980年代になると、日本経済は爛熟期を迎える。戦後、目指した「貿易立国」が見事に形作られたと言っていい。松下電器産業（現パナソニック）や東芝、日立製作所の家電製品が世界を席巻し、日産自動車やトヨタの車が飛ぶように売れた。さらに、ソニーや本田技研工業（ホンダ）などの新興企業が新しい日本製品を生み出し、人気を博した。1981年から2010年まで、日本は「貿易黒字」つまり、輸出額から輸入額を引いた金額が

169

プラスを続けることになる。まさに「貿易立国」を形作ったわけだ。

1980年代に毎年10兆円前後の巨額の貿易黒字を続けたことで、日本に対する国際的な圧力が高まる。つまり、日本だけが儲け過ぎだ、というわけだ。特に大幅な貿易赤字になっていた米国での日本の輸出企業への反発は激しかった。自動車産業が集積するデトロイトなど米国の都市で、日本車をハンマーで叩き壊す反日運動まで起きた。

日本企業の株価は上昇を続け、1989年12月末には日経平均株価が3万8915円の史上最高値（当時）を付けた。バブル絶頂期である。1989年末の世界の株価時価総額のランキングでは、上位50社中32社が日本企業、トップは日本電信電話（NTT）の1639億ドルだった。

ちなみに、2024年末の世界の時価総額上位50社に日本企業は1社だけになった。トヨタ自動車が2504億ドルで39位に入っているのみである。そのトヨタですら、世界トップのアップルの2兆8860億ドルにのぼる巨額の時価総額からは、大きく引き離されている。

■ 日本「ひとり勝ち」

バブル経済に踊った1989年当時、50社中32社を日本企業が占める「日本ひとり勝ち」に世界は批判の目を向けた。日本の産業構造がおかしいのではないか、というのだ。1989年からは日米間で「日米構造協議（Structural Impediments Initiative：構造障壁イニシアチブ）が行われ、日米貿易不均衡の是正が進められた。

そんな中で、会計基準の国際統一を目指すIASCの議長に日

本人会計士の白鳥栄一氏が就任する。1993年のことだ。白鳥氏はビッグ8の1つアーサー・アンダーセン（現在は消滅）に入り、日本法人の代表を務めた人物だった。

IASCの議長に日本人が選ばれたのは、世界経済を日本が席巻していたこともあるが、一方で、日本の会計基準が国際的に見て「歪んでいるのではないか」という疑念を背負って、日本の会計基準を見直す役割を担わされたと見ることもできる。会計の国際基準を作り上げるためには、米国に次ぐ経済力を誇り、巨大な資本市場を持つ日本の会計基準を変える必要がある、という見方があったのだろう。日米構造協議と軌を一にしていたのは明らかだった。

日本の会計制度のゆがみ

白鳥氏は著書『国際会計基準〜なぜ、日本の企業会計はダメなのか〜』という本を残している。1998年2月に病気で急死した際に完成して残されていた原稿を、日経BP社が5月に出版

したものだ。その中で白鳥氏は、当時の「日本の会計制度のゆがみ」について、こう書いている。

「そもそも日本では、会計が果たす役割、すなわち会計目的論についても諸説が乱立していて、統一的な見解がない。(中略)経営者の視点に立てば、『受託責任遂行状況報告説』という会計目的が考えられる。また、株主と債権者といった相反する経済主体の利害関係に着目すれば、『配当可能利益計算説』が妥当だと思われるかもしれない。企業情報の伝達という側面を重視すると、『投資意思決定情報提供説』が説得力を持つ。会計の目的が異なれば、それを実現するための会計基準も違うのは言うまでもない。にもかかわらず、会計の目的に明確な優劣や順位を付けることなく、無理な妥協を図ろうとすると、制度自体が複雑骨折しかねない。日本の会計制度は、まさにそのような状況に置かれている」

つまり、日本では何を目的に決算書を作るのか、その目的が不明確なので、会計制度がゆがんでいる、としているのだ。

白鳥氏は、そうした目的の中でも、配当可能利益を計算することを目的だと考える人が日本には多いが、「こうした考え方は欧米諸国にはない日本独自のものであり、日本と欧米諸国の間にギャップを生む一因となっている」と指摘している。

では国際会計基準では会計の目的をどう捉えていたか。白鳥氏はこう書いている。

「企業にとっての利害関係者とは、投資家、債権者、株主、従業員、取引先、金融機関、消費者、地域社会、国家など多岐にわたる。それぞれの立場や目的から企業情報を利用する。ただし、何らかの経済的な意思決定を行うために財務諸表を利用するという点では、すべて同じだ。国際会計基準ではこの点に

着目し、会計の目的を、『利害関係者が経済的な意思決定を行う際に必要な情報を提供すること』と規定している。その上で『必要な情報』とは『投資家（株主）が必要とする情報』であると位置付けている」

つまり、株主や投資家が必要とする情報を提供することが会計の目的だとしているのだ。そうなると、投資家が企業の実態を正確に把握できることが会計基準の最も重要な機能だということになる。企業を測るモノサシとして、それが十分に機能する基準かどうかが問題になってくるわけだ。

■「ジャパン・アズ・ナンバーワン」の幻想

ハーバード大学教授のエズラ・ヴォーゲル氏が1979年に書いた『ジャパン・アズ・ナンバーワン』は日本でベスト・セラーとなったが、日本人自身が経済的な成功にある意味酔っていたといえる。そんな中で、日本の「歪んだ構造」への批判が高まっていった。確かに、株高を支えた要因には、世界と違う日本

の構造がいくつもあった。典型的なのが「株式持ち合い」で、企業と銀行、あるいは企業間で、株式を相互保有することで、市場で流通する株式の割合が低くなり、株高を誘っていたことや、その株価も、企業の業績よりも保有している資産、特に土地の価格が上がってその含み益を評価して株価が上がっていたことなどが、批判を浴びるようになっていった。さらに、世界の時価総額ランキングで上位に並んだ日本の銀行が、軒並み自己資本として株式など資産の含みを計算していたことなどが、実態以上に株高をもたらした要因になったと指摘された。

つまり、「ジャパン・アズ・ナンバーワン」と浮かれていたが、実態は、業績を測る尺度であるモノサシが狂っていたため、日本企業が過度に強く見えたということだったのではないか。そんな疑念が広がった。しかも、1989年末をピークにバブルが破裂、急激に株価が下落する。さらに日本銀行の金融引き締めによって土地の価格も大暴落するなど、日本企業が「含み益」でハリボテ状態だったことが徐々に明らかになっていった。バブルが崩壊すると、日本企業の実態を測るモノサシ、つまり決算書を作るための会計基準がゆがんでいるのではないか、という疑念の目が向けられることになった。

グローバル化への日本の抵抗

世界中の企業を比較するには、それを測るモノサシを統一する必要がある。国際会計基準の設定や利用に、世界は大きく舵を切っていった。

だが、国際会計基準の受け入れに日本が積極的に対応したか

というと、必ずしもそうではなかった。

　日本経済新聞記者の磯山友幸氏が書いた『会計基準戦争』（2002年、日経BP社刊）には、そのあたりの抵抗の様子が生々しく描かれている。

　「反対は日本だけですか」——。1993年11月、ノルウェーの首都オスロにある「グランドホテル」の会議場に白鳥栄一の少しばかりハスキーな声が響いた。

　11月2日から5日までの4日間、国際会計基準委員会の定例理事会が開かれた。

　外気の冷たさとは対照的に、議長役の白鳥の口調は熱を帯びていた。

　「ではしばらく休憩にしたいと思います。日本代表はもう一度、相談してください」

　IASCのこの会議では、比較可能性プロジェクトと呼ばれていた会計基準の国際的な統一プロジェクトで、その核になる10の会計基準を一括して承認する案が審議されていた。議決権を持つのは米、英、加、豪、独、仏、日など13カ国の公認会計士団体の代表に、「財務アナリスト協会国際調整委員会」を加えた14人だった。続きを見よう。

　オスロ会議の評決で焦点になったのは「可決」か「否決」かではなかった。というのも、白鳥が決をとった1回目で、すでに可決に必要な11票を上回っていた。

　反対は日本のみ——。

　白鳥は議長として、あえて「可決」を宣言せず、挙手のやり直し

第11章　会計基準はどう作られる

175

を促した。ところが２回目の評決でも日本は賛成に回らない。そこで白鳥は「休憩」を宣言したのだ。

「日本だけが世界の流れに反対するという形だけは、何としても避けたかった」

白鳥は後にこう述懐している。

（中略）

休憩から席に戻った代表たちに向かって、白鳥は３度目の評決をとった。

賛成13、反対１――。結局、日本代表の手は最後まで挙がらなかった。

日本が頑なに反対を貫いたのは、日本には日本のビジネス慣行があって、会計基準もそれを反映したものなので、海外の基準を簡単に受け入れるわけにはいかない、というものだった。だが、日本のビジネス慣行に世界の強い不審の目が集まり、日本の抵抗は徐々に突き崩されていく。

▋信用を失った日本の会計基準

実態を正しく反映できなかった会計基準のあり方について、1990年代後半には大きな議論が巻き起こった。1996年11月には阪和銀行が経営破綻。戦後初の銀行倒産となった。翌1997年には、北海道拓殖銀行や三洋証券、山一証券などが相次いで経営破綻した。決算書の貸借対照表（B/S）が正しく実態を表していなかったという批判が噴出した。

1997年11月26日、英国のファイナンシャル・タイムズ紙が社説で、「不思議の国の会計」と題する一文を掲載した。「日本の外部監査制度は形式的。国際的な大会計事務所が日本の会計士

176

に名前と信用を貸しているが、内実はまやかしではないか」と
厳しいトーンで書かれていた。「日本の会計士に名前と信用を
貸している」という意味は、日本企業が英文の決算書を使って
海外の投資家に説明する際、提携している会計事務所の会計士
の監査証明を付けて管理していたことを指していた。要は日本
のいい加減な決算書に大会計事務所がお墨付きを与えているの
はけしからん、というわけだ。

　もちろん、背景には山一証券の破綻など、日本の決算書が信
用できないという不信感があった。

　そのあたりも、前出の『会計基準戦争』に詳しい。

　「この財務諸表は、日本で一般に認められた会計基準と監査基準
に準拠して作成されており、日本の会計基準に通じた利用者向けで
ある」

　1999年3月期から、日本企業の英文アニュアル・リポート（年次
報告書）の監査意見に、こうした「条件」が明記されることになっ
た。いわゆるレジェンド（警句）と呼ばれるものだ。世界五大会計
事務所（ビッグファイブ）が日本に要求、提携関係にある日本の五
大監査法人（当時）が揃って受け入れた。

　要は、日本の会計基準や監査基準は、世界で通用するものと
は異なっているので要注意、と自ら宣言させられることになっ
たのである。日本に会計基準の国際化を迫る、最後の国際的な
プレッシャーだったといってもいい。

　こうした不祥事やプレッシャーをきっかけに、日本は2000
年、会計制度を抜本的に見直し、国際基準に合わせていこうと
する「会計ビッグバン」に踏み切った。この頃には、日本はバ

177

ブルの崩壊が鮮明になり、日本の銀行や日本企業の決算書の国際的な信用度が大きく揺らぐ事態に直面していた。

　日本企業が海外の投資家に株式を保有し続けてもらうには外国人投資家の信用を取り戻す必要が生じたが、日本独自の会計基準ではそれが難しくなった。また、海外から資金調達をするには国際的に通用する決算書を作らざるを得ないという側面もあった。

　具体的には、2000年3月期から企業の決算を「単体決算中心」から「連結決算中心」に大転換した。また、持ち合い株式に「時価評価」を行うなど、日本特有の構造問題にもメスが入っていった。

▌会計基準の設定主体

　1990年代まで、日本の会計基準は大蔵省（現・財務省）が事実上作成していた。企業が提出する有価証券報告書は大蔵省でチェックされ、公表されていた。そのルールを商法（現・会社法）や証券取引法（現・金融証券取引法）など、大蔵省が所管する法律で規定しているのだから、大蔵省が関与するのが当然、というのが当時の政府の考え方だった。大蔵省に設置された企業会計審議会で、会計学者や公認会計士、企業経営者などが議論して会計基準の改訂を行っていた。会計基準を作る大蔵省の外郭団体もあり、いわゆる天下りポストにもなっていた。

　企業のさまざまな行動を法律で縛り、省令などで事細かに決めていく日本のスタイルの中で、会計基準も国が決めるのが当然、というムードがあった。

　ところが、欧米では会計基準は、企業や政府から独立した会計専門家が作成するのが当たり前になっていた。また、日本政

178

府が銀行の自己資本不足を補うために、土地や株式などの保有資産の評価方法を変えるなど、国家主導の粉飾と言われかねないような事態も生じていた。会計基準の制定に国が関与する体制に批判が集まり、民間の会計基準設定主体を作る方向で動き出したのだ。

2001年7月には民間組織として、企業会計基準委員会（ASBJ：Accounting Standards Board of Japan）が設置され、日本の会計基準設定を行う専門組織となった。同じく2001年には国際会計基準を作ってきたIASCがIASB（国際会計基準審議会）に引き継がれ、国際的な会計基準設定の仕組みが出来上がっていった。

IASBが作成する国際会計基準はIFRS（国際財務報告基準）と名付けられた。会計の基準だけにとどまらず、幅広く財務報告を扱うという意思が、IASB設置の段階から示されている。会計以外の報告の拡大については次章で説明しよう。

日本における会計基準の設定主体となったASBJとIASBは2007年、日本会計基準をIFRSに収れん（コンバージェンス）させる方針を打ち出した（東京合意）。さらに、2009年からIFRSの「任意適用」が開始され、日本企業が公表する決算書にIFRSを使うことができるようになった。

第11章　会計基準はどう作られる

179

第12章

「時価会計」など
会計の新しい流れ

会計基準の国際化

　IASB（国際会計基準審議会）が作るIFRS（国際財務報告基準）は、会計基準のグローバルスタンダードとしての地位を得つつあるが、会計基準は国ごとにバラバラに作られてきた経緯がある。その国ごとに商取引の慣行や法令が違うため、それが会計基準に反映されているわけだ。

　決算書は「一般に公正妥当と認められた企業会計の基準」に従って作られることになっており、これを英語で「Generally Accepted Accounting Principles」、略して「GAAP」と呼ばれる。つまり、「一般に公正妥当」と認められるかどうかは、商慣行が違えば、当然違ってくるという考え方があるからだ。

　日本の会計基準は、JAPANの「J」を冠して「J-GAAP」、米国の会計基準は、米国（United States of America）の「US」を冠して「US-GAAP」と呼ばれる。日本で適用できる会計基準は日本会計基準（J-GAAP）、米国会計基準（US-GAAP）、IFRS、修正国際基準（JMIS）の4つがある。本来は、国内企業は1つの基準に統一しなければ、業績を比較することが簡単にはできなくなってしまう。IFRSでも米国基準でも日本基準でもよい、という日本のやり方は問題が多いとされているが、なかなか一本化が進まない。前述の通り、日本基準をIFRSに収れんしていけば、いずれ日本基準＝IFRSとなるわけだが、まだIFRSに反対する企業もあり、抵抗が強い。東証の上場企業でIFRSを任意適用している企業は、2024年3月末で270社にとどまっている。

182

▌国際間のルール作成競争

　会計基準の国際化は、経済がグローバル化する中で、国境を越えて企業を比較する必要性が増したことがきっかけだったことは間違いない。だが一方で、日本企業の決算書が実体と異なり水ぶくれしているのではないかという疑念が欧米各国にあったことも事実だろう。つまり会計基準というモノサシを統一しなければ、フェアに比較できない、というわけだ。

　もともと、会計基準は各国の商慣行をベースに作り上げられたもので、それが「一般に公正妥当と認められた」というGAAPの考え方になっている。ところが、国際的に１つの基準に揃えていこうと思えば、商慣行自体を国際的に統合していかなければならなくなる。これが国際会計基準を巡って各国間で激しい議論になった。いわばルールを巡る「戦争」が繰り広げられたのだ。

　欧州諸国、特に英国は、そうしたルールの制定権限を握ることで国際的な秩序で優位に立とうという戦略に長けている。国際会計基準作りが英国主導で始まり、欧州各国からアジアへと広がったのもこうした英国の戦略だとも言える。ルールを制するものがゲームを制するということだ。

　例えばオリンピックの競技に置き換えても、似たようなことが起きている。水泳の平泳ぎ競技では、スタートで飛び込んだ後、長く潜水する泳法が一時広がり、日本選手がメダルを多数獲得した。これに対して、欧米から「それはアンフェア（不公平）だ」という声が上がり、現在のように潜水には制限が設けられた。こうしたルール変更は国際競技の場ではしばしば行われている。

ビジネスの世界でも、世界中で同じ品質、同じレベルのものを提供できるようにするという考えをベースに、ISO（International Organization for Standardization：国際標準化機構）が設けられ、国際規格が作られている。こうした国際基準作りに、日本は当初、関心を持たず、欧米先進国が作ったルールを受け入れることが多かったが、会計基準の国際化競争などを通じて、ルール作りが国益を左右することを痛感した。今では国際ルール作りに積極的に関与する姿勢に転じている。

▍IFRSと日本基準

　では、IFRSと日本基準はどこが違うのか。大きな違いは、原則主義と細則主義の違いだ。

　日本基準は、事細かくルールが決められていてそれに従うことが義務付けられているが、IFRSの場合、原則が示されているだけで、それをどう適用するか細かい点については企業が決め、それを説明しなければならない。事細かく決めてくれる方が日本人の性に合っているという声もあり、任意適用の増加率を鈍化させている。

　もう1つの大きな違いは、企業が他の企業を買収した際に生じる買収価額と帳簿価額の差、つまり「のれん」をどう扱うか。日本基準ではのれんを定期償却することが義務付けられているが、IFRSでは定期償却はしない。その代わり「のれん」の資産価値が目減りしていないか「減損テスト」を行い、その結果、必要があれば償却する。

　のれんを毎期、定期償却する日本基準では、買収時に発生したのれんを毎期費用としなければならず、M&A（合併・買収）を行うには不利になる。積極的にM&Aを活用しようとする企

業にとってはIFRSの方が有利になる。

　一方で、償却せずにおいた「のれん」の価値が突然毀損した場合など、巨額の減損を行う必要が生じ、期間損益が大きく変動するリスクが大きいという声もある。決算書の健全性を保つためには、毎期償却する方が保守的で好ましいという意見が日本の会計学者などの間に多い。

　2022年には、米国会計基準を作る米国のFASB（Financial Accounting Standards Board：財務会計基準審議会）や、IFRSを作るIASBに対し、日本から、のれん償却の再導入を求める意見を提出しているが、FASBやIASBは、定期償却はしない方向で暫定決定している。

　「日本の考える、あるべき国際基準をもっと海外に主張すべきだ」という声は根強くあり、2015年には企業会計基準委員会（ASBJ）が修正国際基準（JMIS）を公表した。日本基準とIFRSで大きく異なる「のれん償却」などを修正、日本が考える「あるべきIFRS」を示したものだ。日本として認める会計基準の1つとして4つ目に加えたものの、2023年3月末時点でJMISを適用した日本企業はない。

　2024年7月に国内4証券取引所が公表した2023年度の株主分布状況によると、金額ベースで見た外国人投資家の日本株の保有比率31.8％と、比較可能な1970年度以降で最高になった。1年前の2022年度は30.1％だった。

　日本株の3割を海外の年金基金や投資ファンドなどが保有するようになっている状況を考えると、いかに外国人投資家に理解される形での情報開示が重要かが分かる。IFRSは国際的にも普及が進んでおり、外国人投資家と日本企業の経営者が対話を進める中で、会計基準をIFRSに変更することが今後も求め

られていく可能性が高い。

時価会計の考え方

2000年の会計ビッグバンでも大きな問題になったが、日本の伝統的な会計基準の特長の1つに「取得原価主義」があった。企業が資産を手に入れた時の価格を原価、つまり帳簿価額とするという考え方で、長年日本に定着してきた。

一方で、株式や土地などは市場で売買される「時価」、「市場価格」が存在する。取得原価主義で作られた貸借対照表の「有価証券」や「土地」は取得価格で表示されていたため、そこに「時価」との大きなギャップが存在し、「含み益」が生じていた。実際のバランスシートの大きさ（資産合計）が、時価で計算した途端、帳簿価額の何倍にもなるという企業が目白押しだった。

企業経営者にとってそうした「含み益」は好都合だった。金融機関から資金を借り入れる際の担保価値が大きくなり、資金調達が簡単になった。また、事業で損失を出した場合も、有価証券や土地を売却してその含み益の一部を吐き出すことで簡単に穴埋めできた。企業の中には、帳簿価額の低い有価証券をいったん売却して、時価で買い戻すことで、差額の利益を生み出す「益出し」などを活用する例があった。保有している資産は変わらないのに、利益が大きく増えるのは決算書が実態を正しく表しているとは言いがたい。バブル期に日本の決算書が歪んでいると問題視されたことは前述の通りだ。日本のバブルはこうした企業の含み益、つまり決算書の歪みを利用した価格上昇だったと言えるだろう。

186

その後、バブルの崩壊で、企業の含み益は消え、逆に「含み損」が生じることとなった。含み益を担保に資金を借りていた企業は、軒並み担保不足に陥り、借金返済に追われることとなった。これが「売りが売りを呼ぶ」相場となり、バブルの崩壊を加速させた。

　そんな最中に導入議論が盛り上がったIFRSは、「時価会計」に特色があった。保有する株式や債券などは期末の市場価格で評価して決算書に記載すべきだ、という考え方は、急速に日本の会計基準にも取り入れられていった。

　企業は保有する資産を使って事業を行い、そこから利益を生み出す。ROE（株主資本利益率）やROA（総資産利益率）などが注目されるのは、そのためだ。株主から預かった資本から期待以上の利益を上げられないのならば、株主に配当として還元したり、自社株買いで株主に資本を返すべきだ、という考え方が定着するようになると、企業も利益を生まない資産を保有することをためらうようになった。戦後日本で広がった持ち合い株式を保有することにどんな意味があるのか、投資利回りを求めるのか、中長期的な関係強化で事業収益の向上を図る「政策保有株」として持ち続けるのか。企業は株主への説明を求められるようになった。つまり、「時価会計」の考え方が浸透するにつれて、持ち合い株などの企業行動も大きく変わってきたということだ。

　時価会計の考え方は資産評価だけにとどまらない。売上高をいつ計上するかという「収益認識」の方法にも、日本基準とIFRSでは大きな差がある。

　例えば、納入までに長い時間のかかる役務の場合、IFRSでは「進行基準」といって完成した割合に応じて売上高を計上す

る。日本基準は役務の提供が完了した時に収益を認識する「完成基準」が残っている。例えば、長期にわたる工事などでは２年にわたる工事で１年目に半分の工事が終わっていれば、まだ建物を先方に引き渡していなくても、売り上げを半分計上する。これを「工事進行基準」と呼ぶ。この工事契約については日本基準でも「進行基準」を適用できることになっているが、日本基準には、もともとの保守的な「完成基準」の考え方が、各所に残っている。

■ リース会計基準

日本基準とIFRSの統合で、両基準の違いが大きく、障害になってきたものに「リース会計」がある。建物や設備を借りて使う「リース取引」について、日本基準では長年、リースは貸借対照表の資産や負債には計上しなくていいことになっていた。実際に設備を買えば貸借対照表に資産として計上し、毎年減価償却して費用計上する。これに対して、リースならば資産計上せずにリース料だけを支払えばよかったので、総資産が小さくなり、資産効率が高く見える。同じ効果の事業活動をしても、財務内容に差が出るのはおかしいのではないか、ということでIFRSでは、リース資産も計上する方向に進んでいった。米国基準でも同様に資産に計上されている。また、同時に、リース期間を通じて支払わなければならないリース料を負債として計上するわけだ。

2024年９月、日本の会計基準を決めるASBJが新しいリース会計基準を決定、2027年度（2028年３月期）決算から、リースを使った資産と負債を原則すべて貸借対照表に計上することが義務付けられるようになった。従来は資産・負債に計上しなく

てよかった「オペレーティングリース」と呼ばれるリースで、計上が義務化される。日本経済新聞はこの変更について「企業の財務状況が分かりやすくなり海外基準と同等になる一方、1400社超の上場企業では資産と負債の増加が見込まれる」と報じていた。

多くの企業でリース資産・負債が新たに計上されることで、総資産が膨らみ、自己資本比率が大きく低下する可能性がある。また、貸借対照表への計上が不要というリースのメリットの1つがなくなり、企業がリース取引を見直す可能性があるとして、「貸し手であるリース会社にも影響が出そうだ」としている。

商慣行をベースに決めてきたGAAPによる日本基準が、国際化の中で許されなくなり、商慣行自体が大きく変化していくことになる典型的な例と言える。各国の商慣行よりも、国際的な基準の一本化が現在のグローバル化した経済の中では重要だということだろう。

非財務情報

ここへきて、もう1つ大きな流れが出てきている。企業評価する際に、ESG（環境・社会・ガバナンス）といった、決算数値以外の「非財務情報」の重要性が高まっている。すでに財務諸表の中でも説明したが、経営戦略や経営課題、ESGなど企業のサステナビリティへの取り組み状況、経営者の報酬を含むガバナンスのあり方など、数値や数量で表せる財務以外の情報の開示が広がっている。当初、日本企業では「ガバナンス報告書」を作成する企業が増えたが、その後、財務情報と非財務情

報を1冊にまとめた「統合報告書」を作成する流れが強まった。2023年度からは上場企業に対して、非財務情報を開示することが義務付けられた。

　中でも、近年重視されているのが、「気候変動」と「人的資本」に関する情報開示だ。

　「気候変動」では、気候変動がもたらす「リスク」と「機会」の財務的影響を把握し、「ガバナンス」「戦略」「リスク管理」「指標と目標」について開示する流れが強まった。具体的には、気候変動リスクや機会に関する経営陣・取締役会の役割、気候変動シナリオ分析を含む経営戦略や事業影響への評価、気候変動リスクや機会を評価するプロセス、企業や組織が行う事業活動の中で排出される温室効果ガスの量の目標などを記載する。

　「人的資本」は、個人が身につけている技能や能力、資格などを指すが、企業で働く人材の能力が、その企業の評価を大きく左右するという考えから、人的資本の開示が始まっている。

　例えば、人材育成に関して、研修時間や研修参加率などの情報に注目が集まっているほか、従業員の労働環境や待遇、満足度、あるいは離職率など。さらには、男女間の給与差、産休・育休後の復職率といったダイバーシティ（多様化）に関する情報などの開示が始まっている。女性の管理職比率なども開示が義務付けられるようになった。

　今後も、こうした「非財務情報」の開示範囲が広がっていくと考えられる。非財務情報開示の国際基準を策定する機関として、IFRS作りを支援してきたIFRS財団が、2021年にISSB（国際サステナビリティ基準審議会）を設置、乱立している非財務情報に関する基準を集約する作業を始めた。ISSBは2024年1月にはサステナビリティ報告の統一された新基準を最終決定。

190

サステナビリティ関連財務情報のルールや、気候関連開示のルールを公表している。G7やG20といった国際会議や、日本の金融庁も参加する証券監督者国際機構（IOSCO）もISSB基準を採用するよう呼びかけており、今後、各国でサステナビリティ開示が拡大していくことになる。

あとがき
―会計の役割拡大と会計リテラシーの重要性―

　本書で述べてきたように、今後求められる「会計情報」が、決算数字を示す「財務三表」など数値情報だけでなく、企業活動が地球環境にどんな影響を与えているか、あるいはダイバーシティなど社会変革にどう取り組んでいるかを示す非財務情報にも急速に広がっていることは極めて重要だ。つまり、「会計リテラシー」の基本は、対象となる企業や団体、組織の「実像」を、数値だけでなく、さまざまな取り組みに関する情報を通じて第三者に示していくことであり、そうした情報を使いこなす力を身につけることである。

　企業会計の基本は、商取引を記録する簿記から始める、というのが、これまでの会計教育の考え方だった。企業や団体、組織の「実情」を知るためには、財務諸表を読み解くことが大事で、そのためには財務諸表がどうやって作られているかを知らなければならず、簿記の知識は不可欠だった。

　もちろん、今でも簿記の考え方、特に貸借対照表の左側（借方）と右側（貸方）がバランスするという複式簿記の考え方を知る意味は非常に大きい。

　だが、会計情報の範囲が急速に拡大し、財務情報だけでなく、さまざまな情報が「実像」を表すものとして開示されるようになり、簿記や財務諸表論といった数値情報の基礎を学ぶことだけでは、十分な「会計リテラシー」を身につけることにはならなくなっている。

　ただし、そうした情報は多岐にわたるため、その開示内容や方法を精緻に理解するのは簡単ではない。「会計リテラシー」

193

を習得する上では、企業や組織の実情を把握するためには、どんな情報が必要で、それはどこに行けば手に入るのかを知ることが第一歩である。また、例えば、有価証券報告書のどこに、どんな情報が記載されているのかを知っておくことこそが、これからの社会を生き抜いていくために必要な「会計リテラシー」の１つであるに違いない。

千葉商科大学では2025年度から、すべての学部の新入生約1500人全員に「会計リテラシー」という講義を必修で履修してもらうことに決めた。おそらく「会計リテラシー」という科目を設置するのは千葉商科大学が初めてではないかと思われる。

同大学で、1995年から2007年まで学長を務めた経済学者の加藤寛先生は、大学教育の基礎として「３言語」を掲げた。「自然言語（英語）」「情報言語（コンピューター）」「会計言語（簿記）」の３つである。加藤先生は1990年に慶應義塾大学で総合政策学部を設立し初代学部長を務めたが、慶應の総合政策では「英語」と「コンピューター」という「２言語」を徹底的に教え込むことを特色とした。その加藤先生が、政府の委員として国鉄の分割民営化に取り組む際に、抵抗する官僚たちが示す決算数値などに翻弄され、会計の重要性を再認識したという。それで、本学の学長になった際、「３言語」と主張したのだ。

その後の時代の流れを見ると、加藤先生の示した方向性は、まさに「先見の明」だったと言えるだろう。グローバル化で英語が必要不可欠になったのは言うまでもないが、その後、コンピューターのプログラミングなどの「情報言語」が重要になり、高校でも「情報」の授業が必修となった。2025年には大学入学共通テストの受験科目にも加えられている。

会計言語についても、多くの企業で入社前に「簿記２級」な

あとがき ──会計の役割拡大と会計リテラシーの重要性──

どの合格を求めたり、簿記の受験を奨励するところが、急速に増えている。「簿記」受験が社会人に人気となっているのも、企業内での評価や転職に有利だからに違いない。それぐらい会計の基本的な知識が世の中で求められるようになってきたということだろう。

ちなみに千葉商科大学では、どの学部に所属していても無料で受講できる簿記試験講座「瑞穂会」があり、毎年、多くの合格者を出してきた。ビジネスを学ぶ上で、簿記はますます重要性を増している。

そうは言っても、簿記という記帳のルールを学ぶ講座は取っ付きにくいのも事実だ。そこで、まずはどんな世界で活動するにも、会計の知識が必要になってくるという会計の重要性を知ってもらうことから始めてはどうかということになった。それが「会計リテラシー」講座が千葉商科大学に必修科目として設置された理由である。加藤先生が学長になってからちょうど30年になる節目に、加藤先生の思いをようやく実現することになったわけだ。

もちろん、この本で「会計リテラシー」を学び、会計の重要性を痛感された皆さんは、ぜひ、「簿記」や「財務諸表論」といった講義や書籍に関心を持ち、さらに学びを深めてもらいたい。あえて、簿記から入らないことで、会計の重要性を身にしみていただけることを祈りたい。

195

【編者紹介】

千葉商科大学

　2025年度から、宮崎緑学長の下、学部の再編を行い、カリキュラムを一新した。その中で、1995年に就任した加藤寛学長時代から掲げてきた「三言語」、すなわち英語をはじめとする「自然言語」、プログラミング等の「情報言語」、簿記などの「会計言語」を1,600人あまりの新入生に必須科目として学んでもらうこととした。その「会計言語」にあたる必修科目が「会計リテラシー」で、おそらく日本の大学で初めて設置する科目となる。この科目を担当する教員で分科会を設置し、講義で使う動画や教材の作成を行い、その一環として本書をまとめた。

【執筆者紹介】

磯山 友幸（いそやま・ともゆき）

　千葉商科大学教授、統括学長補佐

　一般財団法人 未来を創る財団理事長、経済ジャーナリスト

　1962年　東京都新宿区生まれ

　1987年　早稲田大学政治経済学部経済学科卒

　同年、日本経済新聞社入社。証券部記者、チューリヒ支局長、フランクフルト支局長、証券部次長、日経ビジネス副編集長、編集委員などを歴任

　2011年　円満退社し、ジャーナリストとして独立

　2021年　千葉商科大学教授

　2022年　学校法人千葉学園理事長特別補佐

　2023年　未来を創る財団理事長

　2025年　千葉商科大学統括学長補佐、入学センター長

2025年4月1日	初 版 発 行	
2025年6月10日	初版3刷発行	略称：会計リテラシー

会計リテラシー
―あらゆる世界で必要な"会計の視点"を学ぶ―

編　者　Ⓒ千葉商科大学

発行者　　中　島　豊　彦

発行所　同 文 舘 出 版 株 式 会 社

東京都千代田区神田神保町1-41　　　　〒101-0051
電話　営業(03)3294-1801　　　編集(03)3294-1803
振替 00100-8-42935　　　https://www.dobunkan.co.jp

Printed in Japan 2025

製版：一企画
印刷・製本：三美印刷
装丁：オセロ

ISBN978-4-495-21074-8

[JCOPY]〈出版者著作権管理機構 委託出版物〉
本書の無断複製は著作権法上での例外を除き禁じられています。複製される
場合は，そのつど事前に，出版者著作権管理機構（電話 03-5244-5088，FAX
03-5244-5089，e-mail: info@jcopy.or.jp）の許諾を得てください。